「十三五」国家重点出版物出版规划项目

国大传播系列丛书

轴心时代的

中华礼乐文明传播

田杰 著

知识产权出版社

全国百佳图书出版单位

—北京—

图书在版编目（CIP）数据

轴心时代的中华礼乐文明传播 / 田杰著. —北京：知识产权出版社，2020.5
（中国大传播系列丛书）

ISBN 978－7－5130－6881－9

Ⅰ.①轴… Ⅱ.①田… Ⅲ.①礼乐－文化研究－中国 Ⅳ.①K892.9

中国版本图书馆 CIP 数据核字（2020）第 062310 号

内容提要

作为文化传播固定仪式的古典礼乐传播制度，成功塑造了整个中华文明的辉煌历史，又顺利地使中华文明一代一代传承下来。中华文明若要继续传播与发展，也必须继承与发扬中国古典礼乐传播制度的精髓。本书阐述了古典礼乐传播制度理论的发展及其内容、特征、共性和未来走向，旨在促进中华古典礼乐传播制度的继承与重建。

责任编辑：刘晓庆　　　　　　　　**责任印刷：孙婷婷**

轴心时代的中华礼乐文明传播

ZHOUXIN SHIDAI DE ZHONGHUA LIYUE WENMING CHUANBO

田　杰　著

出版发行	知识产权出版社 有限责任公司	网　址	http：//www.ipph.cn
电　话	010－82004826		http：//www.laichushu.com
社　址	北京市海淀区气象路 50 号院	邮　编	100081
责编电话	010－82000860 转 8363	责编邮箱	laichushu@cnipr.com
发行电话	010－82000860 转 8101	发行传真	010－82000893
印　刷	北京建宏印刷有限公司	经　销	各大网上书店、新华书店及相关专业书店
开　本	720mm×960mm　1/16	印　张	13.25
版　次	2020 年 5 月第 1 版	印　次	2020 年 5 月第 1 次印刷
字　数	180 千字	定　价	58.00 元

ISBN 978－7－5130－6881－9

目　录

第一章 绪 论

梁漱溟先生曾说，文化就是"一个民族生活的样法"❶。但人类生活的"样法"，并不能"凭空而降"。人类的一切都需要"后天学习而后能之"❷。所以，梁先生更进一步认为，"一切教育设施，遂不可少；而文化之传播与不断进步，亦在于此。"❸

可见，文化或文明的传播与进步，皆赖于教育的发展。教育涉及广泛，人类一切文化之传承，诸如政治、法制、道德、仪礼等皆莫不与教育紧密相连。但《大学》云："物有本末，事有始终"，教育也自有其先后根本所在。钱穆先生认为，对于一个国家或者一个民族来说，教育的根本或者第一要务在于"都能认识他们自己的传统"❹，否则就像"连自己都不认识"❺，自然更不必说其他方面了。

在整个中国文化体系中，"最占重要地位者，仍为孔子之儒教"❻。而

---

❶ 梁漱溟. 东西文化及其哲学[M]. 北京：中华书局，2013：26.

❷ 梁漱溟. 中国文化要义[M]. 上海：上海人民出版社，2011：7.

❸ 同❷。

❹ 钱穆. 国史新论[M]. 北京：生活·读书·新知三联书店，2011：203.

❺ 同❹。

❻ 同❹：192.

"儒教"之精髓便是所谓的"经学"。因此，可以说，中国古代教育便是以"四书五经"等儒家经典为基本科目，长久地塑造了中华文明。李源澄先生也认为，经学为秦汉以下两千多年"吾国文化史之中心"❶。

柳诒徵说："自孔子以前数千年文化，赖孔子而传；自孔子以后数千年文化，赖孔子而开。"❷ "经学"虽是"汉代始有之学问"❸，但"经学"实质上承载的是远自上古时代以来的几乎全部中华文明。而这就是钱穆所言教育第一要认识的"自己的传统"。

近代以来，随着教育上的"废止读经"，以及"去中国化"❹ 风潮的影响，中国这个"自己的传统"面临着重大劫难。"废止读经"与"去中国化"本质是相同的，都是"抛弃传统、丢掉根本，隔断自己的精神命脉"❺。

对于现代国家文明而言，其合法性往往体现在两个方面：其一，宪政体制的确立与遵行；其二，对本民族传统文化的信仰与坚守。经学建构了长达两千年之久的中华文明。假如没有经学，中国就无所谓文化传统与信仰。如果失去了对本民族传统文化的信仰与坚守，中国作为一个文明体便失去了其合法性。因此，在今天，"'中国人'便凸显成为一个'问题'"❻。

"中国的传统教育，且已为中国人自己所抛弃"❼。中国人"自己的传

---

❶ 李源澄. 经学通论[M]. 上海：华东师范大学出版社，2010：5.

❷ 柳诒徵. 中国文化史（上）[M]. 长沙：岳麓书社，2010：282.

❸ 同❶.

❹ 检索"百度百科"，"所谓去中国化"，是指随着近代中国之衰落，曾经深受中华传统文化影响的国家（包括中国），为去除中华传统文化的正统位置，而寻求另行建立本地独特自主的文化认同之政治、社会运动。

❺ 习近平. 习近平谈治国理政[M]. 北京：外文出版社，2014：164.

❻ 陈壁生. 经学的瓦解[M]. 上海：华东师范大学出版社，2014.

❼ 罗素. 罗素论教育[M]. 北京：人民教育出版社，2009：31.

统"离自己也越来越远、越来越疏离。不断丢失自己传统，使今日之"中国人"可能不再具有传统中国人所具有的"文化基因"。

文明在一个国家的消失，不等于其文化学问的灭亡。比如，希腊的学问留存于欧洲，佛教保全于中国。然而，文明于其原创地之不存，毕竟是令人遗憾的事情。对于经学传统在中国的废绝，一位日本学者曾如是感叹道："像经学这一学科，将或失于中国，而被存于日本，也未可知，我于此有无限的感慨。"❶

无论如何，现今之中国，在物质层面已经崛起。近代以来，由于落后等原因而几近断绝的传统文化，不知从何地悄无声息地渐渐冒了出来。近些年来，每每渐有兴隆之势。"国学热""诵经热""汉服热"等皆是其高调回归之表现。这是"穿戴着古衣冠的僵尸"❷（周予同先生语）张牙舞爪还魂害人吗？显然不是。我要说这是中国人摆脱物质落后的自信重拾，是文化精神上的"衣锦还乡"！

当年西楚霸王项羽说，"富贵不归故乡，如衣秀夜行，谁知之者！"❸项羽东归彭城，是怀思楚地之故乡。今天，我们重拾中华传统文化，也是源于那内心深沉而难以泯灭的"文化乡愁"。

"乡愁"是实实在在的文化情感，是可望而不可即的东西，但绝不是虚无缥缈的乌托邦式的意淫。五千多年中华灿烂的古典文明，真切地载于浩瀚的古代典籍之上。当我们认真捧读经典的时候，便可遥遥望见那历史彼岸的亲切"故乡"。一旦合上书本，那浓郁而不曾稍离的"乡愁"便袭面而来。作为中华民族的后裔，我满眼所见，尽是中华文化的疮痍之地。中华

---

❶ 本田成之. 中国经学史[M]. 孙俍工，译. 桂林：漓江出版社，2013：272.
❷ 周予同. 中国经学史讲义（外二种）[M]. 上海：上海人民出版社，2012：153.
❸ 司马迁. 史记[M]. 北京：中华书局，1982：315.

文明早已面目全非，从建筑到服饰、从习惯到礼仪，都不再是曾经的亲切和熟悉。它似乎显得完全陌生了。

"不忘本来才能开辟未来。"❶ 对于传统文化所遭遇的劫难，可能是近代以来国运衰败所导致的后果。今天，我们要重拾文化自信，复兴中华文明，第一要做的正是重新正视和认识"自己的传统"。

而几千年来，中华文明之所以能传承不息，其原因正在于古典礼乐传播制度的完整与伟大。

第一节　古典礼乐传播制度与中华文明传播

由于特殊的历史情况，"'礼'在中国，是一个独特的概念，是其他任何民族所没有的。其他民族之'礼'一般不出礼俗、礼仪、礼貌的范围。而中国之礼，则与政治、法律、宗教、思想、哲学、习俗、文学、艺术，乃至于经济、军事，无不结为一个整体，为中国物质文化和精神文化之总名"❷。而在中国古代，说"礼"也通常包括"乐"。中国古代又称"礼"教的社会。实质上，用现在的名词来说，"礼教"可以称作礼乐教化制度，但现代一般不太喜欢用"教化"一词。所以，本书姑且把教化制度称作礼乐传播制度。在礼乐传播制度里，我们讨论的重点还是古典教育及其制度。

任何一个国家、民族，必有一套自己的教育体系与制度。作为文明独立起源的中国，其教育体系与制度，必有特立卓异之处。科林伍德说："一

---

❶ 习近平. 习近平谈治国理政[M]. 北京:外文出版社,2014:164.

❷ 邹昌林. 中国古礼研究[M]. 台北:文津出版社,1992:12.

切历史皆是思想史。"❶ 中国历史文教传统久远且深厚，其历史更具思想深度与内涵。可以说，全部中国历史就是一部思想教育史。钱穆先生论道："至少中国一切思想之主脑，或重心，或其出发点与归宿点，则必然在教育。"❷

可见，教育在中国文化体系中，其地位及作用都十分重大。研究中国古典教育，是研究中国古代文化最重要的内容。然而，与现代教育制度之偏重知识技能不同，中国古典教育制度更注重"养子使作善"。孔子云："名不正则言不顺，言不顺而则事不成。"所以，中国古典教育是一种"教民以自养"的古典礼乐传播制度。

中国古典礼乐传播制度，其核心在于"教民以自养"。礼乐传播可分成两个字，即"教"与"养"。教之以道德仁义，而养之以礼义秩序。

教乃"圣王"之教化。《周易》之《贲卦·象传》曰："观乎人文，以化成天下。"所谓"圣王"是指有大德能治理天下的君主或"天子"。伏羲、神农、黄帝、尧舜、夏禹、成汤、文武周公等皆可称为"圣王"。先秦这些圣王往往先知先觉，集大德于一身，并"为政以德"，以道德感化大众，以礼乐规范秩序，天下一片盛世景象。《尚书》形容帝尧"光被四表，格于上下"，此之谓也。教就是圣王把文明道德、智慧及其秩序教化于大众，传播于民间。汉代大儒马融曰："经天纬地曰文，照临四方曰明。"圣王以经纬天地之道德礼义，而照临于天下四方，此之谓"文明传播"也。当代学者毛峰先生据此对"文明传播"进行了阐述：

---

❶ 科林伍德. 历史的观念[M]. 北京:北京大学出版社,2010:212.
❷ 钱穆. 国史新论[M]. 北京:生活·读书·新知三联书店,2011:234.

人类的知识或信息传播，是一种文明价值或人文意义的传播，是人类知识或信息得以生成、固定、传承、读解、接受、变形等传播机制，以及传播技术持久作用的结果，是特殊政治经济利益与价值观的产物。一言以蔽之，人类传播的基础与核心，是文明传播。❶

"圣王"所构建的正是这样的一种"文明价值或人文意义"，并以此向民间播散。故教乃"圣王"之文明传播也。

"养"字，《说文》云："供養也。从食羊聲。羕，古文養。"古养字从文，是故"养"字可能与教育有关。《荀子·礼论》云："礼者，养也。"礼是圣王建构而民众乐成之礼乐文明秩序。礼义产生之根源在于，人生欲望无穷与财物稀缺之间的根本矛盾。礼义是为平衡这一矛盾而由"圣王"所设定。故荀子曰：

> 礼起于何也？曰：人生而有欲，欲而不得，则不能无求。求而无度量分界，则不能不争；争则乱，乱则穷。先王恶其乱也，故制礼义以分之，以养人之欲，给人之求。使欲必不穷于物，物必不屈于欲。两者相持而长，是礼之所起也。（《荀子·礼论》）

礼义作为一种文明秩序，其目的在于"养人之欲"。而这种欲望不是原始的不加限制的欲望，也非"禁欲"，是处于两者之间的平衡。欲望不能用尽物力，物力也要满足适当的欲望。孔子所言，叩其两端而求其中，即"中庸"之道，此之谓也。礼义之建立，是为"养人以欲"。

礼义作为一种"中庸"的秩序，能够兼顾各方需求。人与自然之相互

---

❶ 毛峰. 文明传播的秩序——中国人的智慧[M]. 北京：中国传媒大学出版社，2005：1.

兼顾，人与人之相互兼顾，皆在礼义规范之内。所以说，礼义秩序是一种和谐的世界观的体现。如毛峰先生所言：

> 尊奉自然为"天""神"，主张人与自然认同、协调的中国世界观，正确设定、诠释了天地万物乃至人类知识或信息的合理位置。❶

礼义秩序是对万事万物所在位置的正确而恰当的设定。万事万物在此秩序中，各得其所，各尽其用；同时，也诠释并确定了万事万物在宇宙之间的存在意义。人作为此秩序中一员，自然也能找到其合理的位置。

人与万事万物两不相害，宇宙秩序与人类秩序便和谐地统一了起来，即天地人大一统的文明秩序。因此，礼义秩序是天下和谐之本，也是圣王治理天下之本。荀子曰：

> 制礼义以分之，使有贫、富、贵、贱之等，足以相兼临者，是养天下之本也。（《荀子·王制》）

礼义秩序，是圣王养天下之大本。礼义秩序一旦确立，民众能借以确定各自位置，社会便井然有序。民与民两不相害，而社会便趋于和谐。社会因礼义趋于和谐，民不必待于圣王之法令而行事，是民因此而"自养"也。圣王也因礼义秩序之确立并完善，而可以不必事事躬亲，达到所谓"垂拱而治"。所以，礼义秩序，是经由圣王而构建，民众遵行，累年而成。而一旦礼义秩序完善之后，民众可以"自养"，并最终脱离圣王教令而自行独立，是故礼义秩序乃中华之宪政大典也。

---

❶ 毛峰. 文明传播的秩序——中国人的智慧[M]. 北京：中国传媒大学出版社，2005：3.

因此，中国古典礼乐传播制度，是圣王智慧之文明传播，是礼义秩序之构建，是圣王教化天下，并设定文明礼义秩序以"养"天下之完整文明传播秩序。

中国古典礼乐传播制度，远自伏羲肇端，经神农、黄帝，至尧舜而蔚为大观；又经夏商发展，至西周趋于完备。春秋时期，官学下达，私家讲学风起，而古典礼乐传播制度走向崩溃。时孔子出，抢救并梳理自伏羲以来数千年之文化传统，删述六经，"克己复礼"，续接文明，成功使古典礼乐传播制度在新的民间土壤里又涅槃重生。

第二节 经学与古典礼乐传播制度

在中国古典礼乐传播制度中，其"教之以道德仁义"，完整地体现在"十三经"等典籍之中。从文本上来说，所谓经学，一般是指"十三经"及其训诂注释、义理阐述及其学派、传承和演变之学问。❶ 但对于中华文明来说，经学更有一番广大而根本的意义。经学阐发的是一种人生的意义，并在此意义上形成长久的文化传统。历代读书人通过研读经书，可以获取人生"大道"，即人生的意义。经书作为一种教育的形式和内容，把这种人生的意义世世代代传承下来，这就促成了两千多年稳定大一统的中华文明。不仅如此，研习经书的读书人通过训诂注释、义理阐述的方式，还把自己的人生意义补充进来，既有利于读书人的学习和领悟，又使这种人生意义不至于停留在历史原点上，而形成连续不断的人生意义。这种连续不断的人生意义就是文化传统。而这种传统则是不间断的历史传统。这种不间断

---

❶ 姜广辉. 中国经学史(第一卷)[M]. 北京:中国社会科学出版社,2003:2.

的历史传统就是通过经学的不断传承和教育而获得的。日本学者本田成之，把经学称为"人生教育学"。他认为："经学是在宗教、哲学、政治学、道德学之基础上，规定天下国家或者个人的理想或目的的广义的人生教育学。"❶

本田成之所谓的"个人的理想或目的"，便是指人生意义。这一人生意义被认为是经学所规定的。显然，此规定之实现，必赖之于经学教育之实施。而中国人的人生意义与价值也必须从经书里去寻找。不论是帝王将相还是平民士子，经学是中国人的意义所在。我们解决"中国人"的问题，必须在经学里找到答案。所以，经学是中国的第一学问。对此，本田成之写道：

> 总之，在中国，一说到学问，第一指屈的就是经学。总括中国古来书籍的《四库全书》，第一库就是经学。历代帝王或者宰相，其经营天下的第一理想标准，必得是从经学上来的。评价人物甲乙的标准，也是以合乎经学上的理想为归。作为中国人日常风俗习惯的规范，大部分在经学上也有其依据。在中国，不问其为国家与个人，其生存的目的、理想，如果不是在经学上有其依据，便不能承认其价值。❷

可以看出，经学规定了中国人的价值和意义所在。但不止于此，更进一层，事实上，经学缔造了中华文明的统一思想。中华文明正是在经学基础上，建立了两千多年的大一统文明。自西汉以来，历经唐、宋、元、明、清，当政者无不尊崇孔子及其建立的经学。朝代虽有更替，然孔子及其经

---

❶ 本田成之. 中国经学史[M]. 孙俍工,译. 桂林:漓江出版社,2013:2.
❷ 同❶。

学则始终如一。经学成为亘古不变的"永恒大道"。与其说中华文明是政治秩序上的大一统，倒不如说是文化的大一统。对此西方大哲学家罗素看得分明，他曾说过，"中国不仅是一个民族意义上的国家，而且更是一个文化统一体。"而文化之统一，背后则是孔子及其经学的大一统。诚如李源澄先生所言：

> 经学者，统一吾国思想之学问，未有经学以前，吾国未有统一之思想。经学得汉武帝之表彰，经学与汉武帝之大一统政治同时而起。吾国既有经学以后，经学遂为吾国人之大宪章。经学可以规定私人与天下国家之理想，圣君贤相经营天下，以经学为模范，私人生活以经学为楷式，故评论政治得失，衡量人物优劣，皆以经学为权衡。无论国家与私人之设施，皆须于经学上有其根据，经学与时王之律令有同等效用，而经学可以产生律令，修正律令。在吾国人心目中，国家之法律不过一时之规定，而经学则如日月经天，江河行地，万古长存，董生言"天不变，道亦不变"是也。❶

在此，经学规定和建构了整个中华文明秩序，实乃华夏文明之总宪章。时王之法律处于经学之下，意味着道统居于政统之上。因此，漫长的中国历史，虽经王朝迭代，然其文明传统一如既往地延伸下去，历经数千载，而不曾中断。这种文明传承，更像是一种信仰。这种信仰，是对历史的尊重，是对祖先的敬畏，也是对后世的无限责任担当。历代帝王信仰如此，经学也一代代地传承了下来，中华文明才一路走来，完整而辉煌。而

---

❶ 李源澄. 经学通论[M]. 上海：华东师范大学出版社，2010：4.

这一切的保障却在于经学之传承，而经学之传承需要由礼乐传播制度来完成。

荀子在《劝学篇》中说：

> 学恶乎始？恶乎终？曰：其数则始乎诵经，终乎读礼。（《荀子·劝学篇》）

荀子所谓之经典为《诗》《书》《乐》《春秋》。这四部书全部在经学之列，无论是五经、六经，还是十三经。荀子所处的时代，孔子已删述六经，经学早就建立。此时，经学便已作为教育的基本内容。这一状况一直持续到蔡元培先生主持的"废止读经"才告终结。经学作为古典礼乐传播制度的基本内容，不可能是短时间促成的。它是在长期的历史发展中逐渐建立的。因此，中华文明的关键在于其礼乐传播制度之运行与发展。

第三节 作为文化传播仪式与典礼的古典礼乐传播制度

在中国古典礼乐传播制度中，"养之以礼义秩序"表现为文化传播之仪式与典礼。这些"仪式与典礼"深深植根于民间土壤之中，历经沧桑，展现出其顽强的生命力，是中国古典礼乐传播制度民间"自洽自养"的表现。"愚夫愚妇不知书者，考其信仰与言行，亦多在经学上有依据"❶，此亦皆赖于"礼义秩序"在民间生根发芽，而伦常日用无不自然合乎经学"大道"。

---

❶ 李源澄. 经学通论[M]. 上海：华东师范大学出版社，2010：5.

五千多年来，持续的大一统文明有巨大的不可捉摸的能量，虽然百年来传统文化历经摧残，但依然能焕发强大的生命力。除了难以"尽毁"的浩瀚典籍之外，中华文明的"文化基因"还在祖国大地被幸运地保存了下来。这些"文化基因"便是通过文化仪式与典礼的传播而流传至今的，而这些文化仪式更多地表现为传统节日。"两千多年来，中华民族的文化遗存每年都在传统节日的'时空场域内'，以民众的群体传播得到继承与创新。"❶

詹姆斯·凯瑞在《作为文化的传播》一书中说："传播的起源和最高境界，并不是指智力信息的传递，而是建构并维系一个有秩序、有意义、能够用来支配和容纳人类行为的文化世界。"❷ 事实上，浩瀚的古代典籍加上"有意义"的节日等习俗，正是中华文明传播能够持续恒久的秘密，当然也是文明传播的"最高境界"。浩瀚而不间断的古代经典建构的正是这样一个有意义的系统。这个有意义的系统渗透到民间而形成固化的节日习俗，成为一种稳定的社会生活文明秩序。这个秩序"支配和容纳人类行为"，并最终作为一个文化世界而存在和传承。

实际上，中国古典礼乐传播制度所建构的也正是一个"有意义、有秩序"的"文化世界"。自伏羲作八卦而开启的中华天地人大一统的文明秩序，一开始便强调天人之间的因应协调。《礼记·文王世子》曰："凡学，世子及学士必时，春秋学干戈，秋冬学羽籥……。春诵，夏弦……。秋学礼，执礼者诏之；冬读书，典书者诏之。"

可见，中华古典礼乐传播制度因"时"施教，把文化传播形成一种固

---

❶ 郭讲用. 传播仪式观中传统节日文化的传播[J]. 新闻与传播研究,2012(12):24.

❷ 詹姆斯·凯瑞. 作为文化的传播[M]. 北京:华夏出版社,2005:7.

定时间、地点的仪式与典礼。"春祭祀、秋射礼"作为典型的文化传播仪式，几千年来未曾中断。在中华文明的演进过程中，这一文化仪式进一步扩充与壮大，形成了以传统节日为主要形式的各种文化传播仪式。正是这些节日与习俗，让中华文明深深地扎根在祖国的大地上。"传统节日文化是中华民族文化经历几千年的洗礼，留存下来的最具生命力、最具共同记忆的部分，是整个民族精神展演的仪式与典礼。这些仪式与典礼是联系古今、连接不同地域民众情感的纽带，关系中华民族国家的合法性来源。"❶

加拿大著名传播学家哈罗德·伊尼斯曾提出，文明传播具有时间与空间两方面的偏向，并且认为"稳定的社会需要这样一种知识：时间观念和空间观念维持恰当的平衡"❷。在中华文明体系中，在中国古典礼乐传播制度之中，其文化核心在于"仁爱""孝悌"。内在的"仁爱""孝悌"都是以外在的"礼"，即仪式与典礼来表现并完成的。而"孝"作为中华文化之核心，按钱穆先生的说法"孝是时间绵延的直通"❸，其真正含义是人类族群对其文明延续的无限责任与担当。因此，中华文明传播始终重视并追求传播的时间恒久性。

钱穆先生还认为："悌是空间展扩的横通。"❹ 中华文明传播亦追求空间上的延伸。在中国古典礼乐传播制度中，圣王"修德来远"，建构"礼乐"文明传播秩序，教化万民"自治自养"于此秩序之中，使中华文明在空间上没有人为界限，即所谓"夷狄入中国，则中国之；中国入夷狄，则夷狄之"。中华文明只有文化上的界定，并无空间上的束缚与限制。可见，在中

---

❶ 郭讲用. 传播仪式观中传统节日文化的传播[J]. 新闻与传播研究，2012(12)：24.
❷ 哈罗德·伊尼斯. 传播的偏向[M]. 北京：中国人民大学出版社，2003：53.
❸ 钱穆. 中国文化史导论[M]. 北京：商务印书馆，1994：53.
❹ 同❸。

华文明体系中，时间偏向与空间偏向达成一种完美的平衡与统一。

这一仪式与典礼建立在"经学"基础之上。事实上，建立在浩瀚而连续的古史典籍之上的"道德仁义统系"（以下简称"道统"，主要保存在"经学"之中），经伏羲至周公之"圣王教化"而确立了一种"有意义"的"礼乐"文明秩序。孔子把这种"礼乐"文明秩序继承下来并发扬光大，真正作用于广大的民间，使"道统"在民间转化为一种文化仪式与典礼而固化下来，并千秋万载一系传播。早熟的中华文明将"道统"凌驾于一切物质、权力与世俗之上，并形成了仪式与典礼牢牢地把"道统"至高无上的地位确定下来，这就绕开了伊尼斯所论断的所谓文明传播的"偏向与失衡"。春秋时期，礼崩乐坏，文明传播的偏向与失衡也曾一度考验了中华文明，但孔子成功挽救了"道统"，并重新使"道统"在整个文明体内生根发芽。此后的两千多年来，无论媒介进步还是改朝换代所引发的问题，都不过是"道统"主导下的中华文明体自我修正或调整而已。

中国文明之所以能成功绕过"文明传播的偏向与失衡"，其原因正在于中国古典礼乐传播制度。是中国古典礼乐传播制度确立了"道统"的地位，也正是中国古典礼乐传播制度"教民以自养"的精髓，使"道统"成功转化为一种传播仪式与典礼而扎根于广袤无垠的民间沃土之中。中华文明能融合、同化不同种族并经历万年而不倒，其大体正在于此。

回顾历史，作为文化传播固定仪式的古典礼乐传播制度，成功地塑造了整个中华文明的辉煌历史，又使中华文明顺利地一代一代传承下去。展望未来，要继续传播与发展中华文明，就必须继承与发扬中华古典礼乐传播制度之精髓，避免重蹈文明可能毁灭的传播偏向。只有这样，中华文明才能恒久地接续下去。

此外，古典礼乐传播制度作为一种文化传播仪式，能够唤醒民族记忆，凝聚民族情感，唤起民族觉醒与自信，消除"文化乡愁"；同时，对本民族文化传统的坚守是现代民族国家的合法性基础与标志。

因此，当代中华民族的伟大复兴，亟须中华古典礼乐传播制度的继承与重建。

第四节 古典文献辨正：
扫除近代成见，尊重古典文明

著名考古学家苏秉琦先生认为："世界上没有哪一个像中国如此之大的国家有始自百万年前至今不衰、不断的文化发展大系。"❶ 毛峰先生以为此乃允当之论，并随之阐释道："中华历经超百万年的原始文化积累，在新石器晚期，即距今一万年的伏羲时代起步，至今不衰。"❷

此文化大系，之所以从伏羲以来长存不衰，其中重要原因在于其连绵不绝之古史系统。此古史系统不断发展完善，而最终表现为今天所见的以"十三经"为核心的渊深浩瀚的古代典籍。

然而，随着近代中国的衰落，文化自信也渐趋低落。日本学者白鸟库吉为了日本扩张之需要，刻意打压中国文化自信，而炮制出所谓的"尧舜禹抹杀论"。中国则应时而出"古史辨派"，与东洋学者及"全盘西化论"者遥相呼应。顾颉刚在《与钱玄同论古史书》信件中，提出所谓"层累地

---

❶ 苏秉琦. 中国文明起源新探[M]. 北京:生活·读书·新知三联书店,1999:176.
❷ 毛峰. 大一统文明[M]. 北京:知识产权出版社,2014:4.

造成古史说"❶，并认为"大禹是一条虫"，从而开创了对古史"名为考证、实为否定"的"古史辨派"。朱渊清在《古史的证据与证明力》中写道："对于此时的顾先生而言，'辨伪'就等于'攻倒、推翻'，意味着彻底的破坏。"❷

顾颉刚先生要对中华古史系统进行彻底的破坏，首当其冲的就是以"四书五经"为核心的儒家经典。而《尚书》因为是上古历史的记载，更是要"攻倒"的首要对象。

近代以来，"疑古思潮"澎湃，中华历史之真实性被大肆怀疑与否定。自然，记录历史的古代典籍也全部陷入了深深的信任危机。《尚书》作为最根本性的、最具代表性的中华古代典籍，其命运之坎坷多舛，亦可代表整个古史系统所遭遇的劫难。

下文以《尚书》为例子，考察其源流，辨正其真相，亦庶几可以"扫除近代成见，最终古典文明"❸，为"冤沉海底"之古代经典讨得一线公正。

《尚书》是中华万书之源。据《史记·孔子世家》云，《尚书》"上纪唐虞之际，下至秦穆，编次其事"。我们今天所看到的《尚书》，记载的是上古历史，记录的是从尧舜到夏商，再到西周的历史事件，是经孔子编纂删减而成。

西汉孔安国《尚书序》云：

> 讨论坟典，断自唐虞以下，讫于周。芟夷烦乱，剪截浮辞，

---

❶ 顾颉刚. 与钱玄同论古史书［C］// 杨庆中，廖娟. 疑古、出土文献与古史重建. 桂林：漓江出版社，2012：4.

❷ 朱渊清. 古史的证据与证明力［C］.// 杨庆中，廖娟. 疑古、出土文献与古史重建. 桂林：漓江出版社，2012：130.

❸ 毛峰. 大一统文明［M］. 北京：知识产权出版社，2014：4.

举其宏纲，撮其机要，足以垂世立教，典、谟、训、诰、誓、命
之文凡百篇。（孔安国《尚书序》）

孔子删定《尚书》，断自唐虞以下，可见原来之《尚书》远在唐虞之
前。班固《汉书·艺文志》曰："左史记言，右史记事；事为《春秋》，言为
《尚书》。"由此可以推知，《尚书》是历代史官（左史）所记载的关于上古
帝王言行的史书。对此，《礼记·玉藻》曰："动则左史书之，言则右史书
之。"此说与班固说不同，左史、右史职责正好相反，但无碍确认《尚书》
是史官记载帝王言行的史书。既然《尚书》之事早于唐虞，那么最早的
《尚书》可以追溯到何时呢？班固认为可以追溯到伏羲时代。

《易》曰："河出图，洛出书，圣人则之。"故《书》之所起远
矣。至孔子纂焉，上断于尧，下迄于秦，凡百篇，而为之序，言
其作意。（《汉书·艺文志》）

河出图，即《河图》；洛出书，即《洛书》。圣王取法于此，而《尚书》
就此起源。史载伏羲受《河图》，夏禹赐《洛书》。圣人即伏羲、夏禹是也。

刘歆以为伏羲继天而王，受《河图》，则而画之，八卦是
也；禹治洪水，赐《洛书》，法而陈之，《洪范》是也。（《汉书·
五行志》）

伏羲作八卦，是《尚书》之源头，今之《尚书》不存其事，当在《三
坟》书内。《三坟》是三皇之书，伏羲是三皇之首，其言行事迹当由史官记
录其内。由此，或可推之，《三坟》或是《尚书》之前身。而《五典》继
《三坟》之后，为史官所记，也应是早期的《尚书》。只是《三坟》《五典》

之书，年代久远，文献多缺，其事不能完整，显得繁杂凌乱，故孔子"芟夷烦乱，剪裁浮辞"，断自唐虞，而定谳《尚书》。司马迁曰：

> 孔子之时，周室微而礼乐废，《诗》《书》缺。追迹三代之礼，序书传，上纪唐虞之际，下至秦缪，编次其事。（《史记·孔子世家》）

孔子之时代，《书》之内容多有遗失缺漏，孔子根据三代以上之礼义精神，即"追迹三代之礼"，选定篇目，并为之作序。其目的在于"垂教万世"。

孔子删定《尚书》，上可以发扬道德，为人主之规范；下可以教授子弟，传播先王文明教化之宪章。孔安国言之甚明：

> 所以恢弘至道，示人主以规范也。帝王之制，坦然明白，可举而行，三千之徒并受其义。（孔安国《尚书序》）

《尚书》是中国上古宪政大典之集合。

首先，《尚书》是自伏羲、神农、黄帝、尧舜禹、成汤、文武周公的治政历史之记录与总结。《尚书》反映了自秦缪公以上中国古代圣王教化养民之智慧与经验。

其次，《尚书》是孔子删定，从而反映了孔子的思想。孔子作书序"言其作意"，就是告诉后人《尚书》之主旨大道。孔子删定《尚书》，其目的在于"垂教万世"。何以为之呢？孔子通过删定《尚书》，建构了自伏羲以来的连续不断的文明体系。这一文明体系从伏羲到西周是一脉相承、损益发展的，是孔子让渺茫难考的上古历史变成文化精神统一的连续整体。因此，柳诒徵说：

孔子者，中国文化之中心也。无孔子则无中国文化。自孔子以前数千年之文化，赖孔子而传；自孔子以后数千年之文化，赖孔子而开。❶

由于历史悠久，古史记载多有缺漏，往往连续不起来，而成为孤单的历史片段。司马迁《五帝本纪》曰："非好学深思，心知其意，固难为浅见寡闻道也。"知识碎片之间必待于精神接续才称为一个整体。这个精神便是人生现实的实在经验。若没有深刻的现实经验，便不是真正的知识，也不可能完成知识碎片的接续过程。浅见寡闻者，只能见知识之片段，而不能见知识之整体。故墨子曰："知者，接也。"

孔子以其丰富的历史知识，卓绝的现实人生经验，深邃的思考能力，把自伏羲以来的历史完成了人文精神的统一。而这种统一，就是天地人大一统的文明秩序。

《尚书》其事虽断自唐尧以下，但其精神是贯通至伏羲时代的，而此精神是文明的核心与精髓。根据此精神，孔子所建构的天地人大一统的文明秩序既是伏羲以来先王教化养民之宪政实践，又是孔子以后两千多年中华文明"可大可久"模式的宪政大纲。而这一切体现在《尚书》之中，故称《尚书》为中国古典文明的宪政大典。此宪政大典之核心在于教化之道与养民之道，故中国古典礼乐传播秩序根源于此，发端于此。

《尚书》为孔子所删定。孔子生于周朝末年，虽则当时礼崩乐坏，王纲解纽，然而孔子还是见到了上古史官所写之书。

---

❶ 柳诒徵. 中国文化史[M]. 长沙：岳麓书社，2010：282.

孔子求书，得黄帝玄孙帝魁之书，迄于秦穆公，凡三千二百四十篇。断远取近，定可为世法者百二十篇，以百二篇为尚书，十八篇为中候。（《尚书正义》引《尚书纬》文）

孔子所见之书，为虞、夏、商、周四代之典籍。此四代典籍，皆为当时史官之实录。如孔颖达《尚书正义序》言，皆所谓"人君辞诰之典，右史记言之策"。根据孔安国《尚书序》之文，可知，孔子见坟典之杂乱错落，便断远取近，乃断自唐、虞之际，下至于秦穆公之世。删除烦乱浮辞，举其宏纲，而定《尚书》，并为之作序，以表明删定之原则与旨意。

先秦诸子之学皆于《尚书》有所本，而发明各自创见。墨子、庄子、孟子、左丘明等皆于其著作之中引用《尚书》之文，而其中尤其以孔、墨两家为多。对此，陈梦家先生《尚书通论》中多有详细考证发掘。可见，先秦诸子大都曾研习过《尚书》，《尚书》应为古来相传之典籍更是无疑。

及至秦始皇焚书坑儒，灭先代典籍。而焚书之害，尤以《尚书》最严重。对于焚书之事，钱宾四先生诚有高论：

民间之私藏，以情事推之，不仅难免，实宜多有。自此以下，至陈涉起兵，不过五年，故谓秦廷焚书，而民间书籍绝少留存，决非事实。唯诗书古文，流传本狭，而秦廷禁令，特所注重，则其遏绝，当较晚出百家语为甚。❶

以钱穆先生所见，始皇禁书，其意主要在不许读书人以古非今，非议朝政。而《尚书》为历代先王治政之道，为读书人议政之凭借。故而禁止

---

❶ 钱穆. 两汉经学今古文平议[M]. 北京:九州出版社,2011:157.

议政，伤及诗书。自焚书之令开始至陈涉起义不过五年，短短时间，民间书籍应有机会留存下来。只不过诗书本是史官所掌，流传不广，故而经此焚书大劫，幸存者稀有。

伏生为秦之博士，主要研习《尚书》。焚书坑儒时，伏生带着《尚书》逃归乡里，并藏《尚书》于墙壁之内。秦亡汉兴，汉文帝欲发明文治，求能治《尚书》之人，得闻伏生能治。伏生年九十，老不能行，文帝使晁错往受之，得《尚书》二十九篇，是为伏生本今文《尚书》。伏生以此《尚书》教于齐、鲁之间，并博引异言，引经据典，撰写《尚书大传》。学者由是颇能言《尚书》。晁错得《尚书》后，以教汝阳何比干少卿。诸山东大师无不涉《尚书》以教。自此，伏生本今文《尚书》流行于当时。汉武帝立五经博士，立欧阳《尚书》，而欧阳氏之学本于伏生也。伏生本今文《尚书》成为官学，为朝廷所重视。

汉武帝时，鲁恭王欲广其宫室，坏孔子旧宅。于孔子旧宅墙壁中，得古文《尚书》。孔安国得其书，以所闻伏生之书考论文义，定其可知者，以隶书写之于竹简之上，是为"隶古定"，称古文《尚书》。此本古文《尚书》比伏生本《尚书》多出十六篇。孔安国献书于朝廷，适逢"巫蛊事件"，而未能被列为官学。司马迁从学于孔安国，撰写《史记》时多采于古文《尚书》。

迁书载《尧典》《禹贡》《洪范》《微子》《今滕》诸篇，多古文说。

（《汉书·儒林传》）

可见，司马迁信古文《尚书》多于今文《尚书》。然终究古文《尚书》未立于官学，而不能大显于当世。

汉哀帝时，刘歆欲立古文《尚书》于官学，而遭诸今文经博士反对，未能实行。新莽建元，诸学并立，王璜、涂恽之传古文《尚书》者，皆得贵显而立于官学。

光武中兴，立五经博士，《尚书》有欧阳、大小夏侯，而废古文《尚书》。自此，"今文欧阳《尚书》，后汉传习最盛。"❶

古文《尚书》虽不如今文《尚书》流行，但自孔安国以下，世代相传并无中断。"后汉之言古文《尚书》者，胥推扶风杜林伯山为继别之宗。"❷史载杜林在新莽兵败之时，避难于河西，得漆书古文《尚书》一卷。是为杜林本古文《尚书》。兵乱既平，杜林还归京师，而京师诸古文家多服膺其学，于是古文《尚书》遂行于当世。

汉肃宗降意儒术，特好古文《尚书》《左氏传》。据《后汉书·儒林传》所载，贾逵为古文《尚书》作训，马融作传，郑玄注解，由是古文《尚书》遂显于世。钱基博先生认为："古文之得大显于世者，则马融、郑玄之力也。"❸ 此言不虚。

经西晋"永嘉之乱"，今文欧阳、大小夏侯《尚书》并皆亡失。东晋元帝时，豫章内史梅赜献上孔传古文《尚书》，是为孔传本。孔传本古文《尚书》，共五十八篇，其数合乎刘向《别录》所言"《尚书》五十八篇"之数。据《尚书注疏校勘记序》，自梅赜献孔传，而汉之真古文与今文皆亡。隋朝太学博士刘焯为梅传本作疏，其他学者也多有注疏、音义。唐朝孔颖达奉诏编纂《五经义疏》，采用梅赜之孔传本，及刘焯等之义疏，编撰而成《尚书正义》二十卷。《尚书正义序》云：

---

❶ 钱基博. 经学通志[M]. 桂林：广西师范大学出版社，2009：45.

❷ 同❶：50.

❸ 同❶：51.

古文经虽然早出，晚始得行，其辞富而备，其义宏而雅，故复而不厌，九而愈亮，江左学者，咸悉祖焉。近至隋初，始流河朔，其为正义者，蔡大宝、巢猗、费甝、顾彪、刘焯、刘炫等。（孔颖达《尚书正义序》）

孔颖达认为，其《尚书正义》据自孔安国以来之古文《尚书》，并无异议。《尚书正义》撰写完成之后，经朝廷颁布，而成为《尚书》标准通行本。清朝编订《十三经注疏》亦采用《尚书正义》。直到今天，本自梅赜本之《尚书正义》为流通最广之版本。

自梅赜献孔传本古文《尚书》以来，天下儒生皆据梅赜本而无有疑其伪者。据钱基博说法，"力斥古文《尚书》孔安国《传》之伪，其说实发于宋吴棫、朱子"❶。自此之后，《尚书》之真伪问题突然开始成为一个问题。而古文《尚书》之"辨伪"开始成为学者的一门重要功课。行文至此，笔者突然想到孔子所言"始作俑者，其无后乎"？学者竞以辨伪为能事，搜怪猎奇，争巧斗艳，"辨伪"之大作纷纷出现。宋代有吴棫《书裨传》、朱熹《语类》、蔡沈《书集传》等；元朝有吴澄《尚书叙录》等；明代则有梅鷟《尚书考异》等；清代学者专注于考据功夫，"辨伪"之风气更盛从前。如朱彝尊撰《古文尚书辨》、惠栋撰《古文尚书考》等。而阎若璩集前代"辨伪"之大成，撰写《古文尚书疏证》八卷，辨伪愈明，而古文《尚书》之伪作似乎至此而定谳。今人顾颉刚开启"古史辨派"，在阎若璩之基础上更进一步，古文《尚书》被作为可肆意怀疑的"死去的史料"而进行所谓科学的考证辨伪工作。古史辨派影响巨大，直至今天，其背后的"疑古思潮"如幽灵般挥之不去，而百年以来的文化自信自此而践踏殆尽。

---

❶　钱基博. 古籍举要[M]. 上海：上海古籍出版社，2011：23.

针对阎若璩之《古文尚书疏证》，毛奇龄奋起反击，针锋相对，写出《古文尚书冤词》，为古文《尚书》之真实进行辩护。王鸣盛作《尚书后案》三十卷，力屏古文《尚书》孔安国之伪。孙星衍撰《尚书古今文注疏》，也多采信古文《尚书》。此外，尚有明朝陈第《尚书疏衍》、清朝万斯同《古文尚书辨》等为古文《尚书》之真而辩护。

民国时期，钱宾四作《两汉经学今古文平议》，独辟蹊径，以定论清朝之经学今古文之争及辨伪问题。钱氏以为，清儒治学，始终未脱一门户之见，今古文之纷争，正由此门户之见而起。钱氏言道：

> 凡所不合于其所欲建立之门户者，则胥以伪书伪说斥之。于是不仅群经有伪，而诸史亦有伪。輓近世疑古辨伪之风，则胥以启之。夫史书亦何尝无伪？然苟非通识达见，先有以广其心，沉其智，而又能以持平求是为志，而轻追时尚，肆于疑古辨伪，专以蹈隙发覆，标新立异为自表襮之资，而有杂以门户意气之私，则又乌往而能定古书真伪之真乎？❶

钱穆先生认为，做学问不能抱有门户之见，也不能自逞其能而追求时尚。而应该正心诚意，"更要在古人之学术思想有其探源抉微、钩沉阐晦之一得。"❷

依钱穆先生之言，研究《尚书》不能拘泥于其"古今真伪"之争。并且钱先生还"精辟揭示了'古文经'传自西周王室之'王官学'官方档案、记述系统，'今文经'则传自晚周诸子私人著述系统，两大经学传统并行不

---

❶ 钱穆. 两汉经学今古文平议[M]. 北京：九州出版社，2011：自序.
❷ 同❶。

悖、相互补充、一体重要"❶。事实上,《尚书》今古文可能正是晚周以后官学分裂为百家之学而造成的差异现象。班固《汉书·艺文志》说百家之学皆出于王官,可见今古文同脉同源,个中差异,不足为真假论定之借口。

然而,近代《尚书》研究学者,如陈梦家、李源澄、马宗霍等,虽取得了一定的成绩,但总还是同意阎若璩之考证,认为伪《古文尚书》已成定论。似乎伪《古文尚书》已无翻案之机会和可能。这反映了"疑古思潮"的进一步蔓延、扩大与牢固。

诚心而论,怀疑者自怀疑,肯定者自肯定。怀疑者以"考证辨伪"为客观依据,肯定者以文化信仰为基础。两者不可调和,但疑古者占据主流意见。钱穆先生提出对历史文化要存"温情与敬意"❷、陈寅恪先生提出"了解之同情说",都是对过分怀疑古史作一下纠偏与中和。但终归,在猛烈的"疑古"之风下,影响甚微。

转机还是出现在王国维提出的"二重证据法"上。"二重证据法"的出现使古史辨正工作在"纸上考证"和"文化敬意"之外还可以有"地下材料"之佐证。于是,"安阳殷墟的发掘证明,司马迁《史记·殷本纪》所记载的商代历史为信史。二里头遗址的发掘和研究则为夏王朝的确实存在提供了考古学上的依据。"❸ 这直接否定了胡适之等人"殷商以上无历史"的臆断。

非但如此,当代著名考古学家李伯谦进一步指出:"夏王朝以前的五帝的传说亦绝非虚构。司马迁的《史记》之所以始于《五帝本纪》,亦当有所依据。在现代考古学的背景下重新认识古史传说资料已成为可能。利用现

---

❶ 毛峰. 大一统文明[M]. 北京:知识产权出版社,2014:11.
❷ 钱穆. 国史大纲[M]. 北京:商务印书馆,1996:扉页.
❸ 李伯谦. 文明探源与三代考古论集[C]. 北京:文物出版社,2011:5.

代考古学的研究成果，对大量古史传说资料进行甄别整理，就完全有希望使部分传说还原成信史。"❶

考古发掘的"地下之材料"不断涌现，这无疑动摇了"古史辨派"论断之根本。更关键的是，对历史传统心存敬意的文化学人开始重新获得了文化自信。著名考古学家李学勤在考古成果的基础上，于 1992 年发表了题为《走出"疑古时代"》❷ 的文章。这篇文章标志着学界自信与认同的进一步提升，一举扭转了"疑古"学者"一言堂"的局面。"信古"派学者则开始纷纷发声，对"疑古思潮"发动了大反击。

在此背景之下，"夏商周断代工程"首席专家李伯谦先生发表题为《考古学视野的三皇五帝时代》❸ 的文章，认为三皇五帝时代是我国绵延两千多年的传统古史的开篇。著名学者金景芳指出，"《尚书》独载尧以来，是中国自有史以来的第一步信史。"❹ 除此之外，对《尚书》进行翻案工作的还有杨善群先生、张岩先生等，这些学者分别从不同角度考证了《尚书》的可信度。特别是毛峰先生认为："《今古文尚书》同为中华文明伟大成就的忠实记录，历经秦火焚灭而文辞有异，非但不足为怪，更应无比珍视。"❺

疑古学者不仅对《尚书》弃之如敝履、不加珍视，而且"对出土文献所揭诸的这些事实，不愿承认。他们为了维护自己的成说，一是力图将出

---

❶ 李伯谦. 文明探源与三代考古论集[C]. 北京:文物出版社,2011:5.

❷ 李学勤. 走出"疑古时代"[C]//. 杨庆中,廖娟. 疑古、出土文献与古史重建. 桂林:漓江出版社, 2012:59.

❸ 同❶:31.

❹ 金景芳,吕绍纲. 尚书·虞夏书新解[M]. 沈阳:辽宁古籍出版社,1996:序言.

❺ 毛峰. 大一统文明[M]. 北京:知识产权出版社,2014:11.

土文献的年代往后拉；二是以传统文献的记载否定出土文献"。❶ 比如，著名《尚书》学者刘起釪先生发表《关于"走出疑古时代"问题》❷ 一文，认为"疑古思潮"本身就是"一个虚构的阴影"，并不承认顾颉刚先生有"疑古"思想。

对此，著名学者廖名春则认为："执着于这些错误观点的疑古学者，面对传统文献和出土文献的大量事实，应该反省、检讨自己，从思想史研究的方法论、从自己的史观上去寻找问题。"❸

随着我国的综合国力不断提升，中华民族文化自觉与自信也日趋上升。由于民间"国学热"的兴起，中国又人开始了文化上的"衣锦还乡"。"疑古思潮"终究是国力衰败、文化自卑背景下的阴影。无论是顾颉刚所处的时代，清朝文化高压下的阎若璩时代，还是疑古肇始的南宋时代，都是华夏文明遭遇重大困局而进行反思的年代。

考古发掘的无数"地下之材料"，无疑可以不断清扫"疑古思潮"的阴霾。但毕竟文物背后无限的空间，如同黑洞一样，根本无法填满。而且文化不单单表现为文物，更是一种精神创造。考古对精神领域一样要靠推测，而这种推测很大程度上建立在文化立场之上。因此，考古是打开古史的一把钥匙，但进去之后的风景还是要靠文化立场与文化信仰来辨认、去欣赏。所以，对于文化研究而言，终究要回到钱穆之"温情与敬意"、陈寅恪"同情之了解"的立场上来。

---

❶ 廖名春. 论六经并称的时代兼及疑古说的方法论问题 [C]//. 杨庆中，廖娟. 疑古、出土文献与古史重建. 桂林：漓江出版社，2012：90.
❷ 刘起釪. 关于"走出疑古时代"问题 [C]//. 杨庆中，廖娟. 疑古、出土文献与古史重建. 桂林：漓江出版社，2012：145.
❸ 同❶：99.

　　纵观《尚书》及其源流，其经历复杂而近乎传奇。《尚书》自孔子删定后，便为经学典籍。经学者，乃历史真实与精神真实的完整统一。清儒之今文经学者，以孔子之微言大义诬古文《尚书》之作伪；而古人经学者则以为"六经皆史"，并严加考证，摒弃了《尚书》背后的精神真实。这就是钱穆先生所说的门户之见，两家只知相互诘难，而不知两者为一体也。西哲科林伍德曾言，一切历史都是精神史。在此层面上，今古文《尚书》更无可怀疑。

　　以上，对《尚书》之源流与真伪做了讨论。虽然所论浅薄，但已表明观点。《尚书》作为古史系统之代表典籍，具有典型性。而且，《尚书》又是"疑古思潮"体现最集中、最充分的古代典籍，如果能重拾对《尚书》之尊重，那么，对于古史系统而言，就足以"根本改变'五四'以来的诸多成见"❶。一旦消除了"疑古思潮"的成见，古史系统必将能还原其真面目。古代研究学者对征引古代典籍必然多一份认同与自信。

　　最后，引用毛峰先生一句话作结："古籍非有确证，不得妄加怀疑！"❷

❶　郭店楚简国际学术讨论会论文集[C]. 武汉:湖北人民出版社,2000:662.
❷　毛峰. 大一统文明[M]. 北京:知识产权出版社,2014:10.

第二章 传疑时代：
古典礼乐传播制度探源

所谓传疑时代，是尊廖凤林先生之说："次唐虞以降为信史，而其前则概曰传疑。"❶ 是故，自伏羲到黄帝，称作"传疑时代"或"传说时代"亦可。

中国是四大文明古国之一，拥有悠久而灿烂的文明历史。俗语云："自从盘古开天地，三皇五帝到如今。"一般认为，伏羲、神农、黄帝为"三皇"，所以，伏羲也被称为华夏人文始祖。这种古史观，"不是天上掉下来的，也不是人们头脑中所固有的，除了一代一代口耳相传，还源于古代文献的记述"。❷

根据先秦典籍的记载，加上考古学的发现，著名考古学家李伯谦论定："三皇五帝是我国绵延两千多年的传统古史的开端。"❸ 所以，探讨中华历史，至少要从伏羲开始。其实，根据最新考古发现，中华文明的历史或许远不止于此，位于"古冀州"的"红山文化"，至少在七千年前就已经初步迈向了文明国家。

---

❶ 廖凤林. 中国通史要略［M］. 北京：东方出版社，2008：13.
❷ 李伯谦. 文明探源与三代考古论集［C］. 北京：文物出版社，2011：31.
❸ 同❷。

著名考古学家苏秉琦先生也认为，"由于距今七八千年前的阜新查海和赤峰地区兴隆洼遗址反映的社会发展已到了氏族向国家进化的转折点，所以文明起步超过万年。"❶ 自有文明以来，便有文化传播与教育，故探讨中国古典礼乐传播制度的起源可能应远在万年以上。

第一节　何以从伏羲开始：
温情与敬意的文化观

古史渺茫难考，以现代的科学眼光看，万年以上历史或许只能通过考古发掘一层一层地剥开。根据自古以来的记载，中国最古老的书籍为《三坟》《五典》。孔安国《尚书序》云：

> 伏羲、神农、黄帝之书，谓之《三坟》，言大道也。少昊、颛顼、高辛、唐、虞之书，谓之《五典》，言常道也。（孔安国《尚书序》）

伏羲、神农、黄帝谓"三皇"，故其书称为《三坟》。少昊、颛顼、高辛、唐尧、虞舜谓"五帝"，故其书称为《五典》。孔颖达《尚书正义》解释："坟，大也。以所论三皇之事，其道至大，故曰'言大道也'。"❷ 由此可见，《三坟》所记载的是三皇的事迹。三皇的事迹又能体现圣王之大道，以教化万民。《三坟》既是圣王事迹的记载，又是万民研习政事生活的大道宝典，颇类似时下的教科书。

---

❶ 苏秉琦. 中国文明起源新探[M]. 沈阳：辽宁人民出版社，2011：113.

❷ 李学勤. 十三经注疏·尚书正义（繁体竖排版）[M]. 北京：北京大学出版社，1999：4.

　　既然《三坟》为最早的书籍，伏羲作为三皇之首，理应是中国可记载历史的开端。《三坟》的书现存，但被视为伪书。现存《三坟》的内容固然或为后人所伪造，然《三坟》的书名，以及《三坟》为三皇之书这一事实不应一并否定。由于年代久远，《三坟》的书或已失传，后人可能根据前人的记忆或者述说而重新编写内容。《三坟》现存内容或虽伪，然并无碍伏羲为三皇之首的真实性。

　　"古史辨派"顾颉刚先生所言"层累地造古史说"，以为古史"愈晚出者，所言愈古而愈伪"。如此一来，古书几乎全部可以被视作伪书。对此，钱穆先生晚年惊叹道："倘中国古史尽由伪造，则中国人专务伪造，又成何等人。"❶ 此说不当显而易见。一则，此说本身就是个假说，也无确信的证明。二则，"层累地造说"也可以"将它解释为从口传历史到成文历史的过程。传说可以是口耳相传的历史，并不等同于神话"❷。三则，其古史观秉持"疑古"立场，即态度存在偏差，其以对待"无情"物质的态度来对待"有情"文化历史。态度错误为其根本错误，对此，国学大师钱穆于其《国史大纲》扉页中拈出"温情与敬意"说，陈寅恪先生提倡"了解之同情"说。此二说是对"古史辨派"的"拨乱反正"，也是研究"有情"文化历史的不二法门。诚如郑振铎先生所云：

　　　　我以为古书固不可信为真实，但也不可单凭直觉的理智，去抹杀古代的事实。古人或不至于像我们所相信的那样惯于作伪，惯于凭空捏造多多少少的故事出来；他们假使有什么附会，也必有一个可以使他们生出这样附会的根据的。愈是今人以为不大近

---

❶　钱穆. 维新与守旧——民国七十年来学术思想之简述[J]. 台湾:幼师杂志,1980(12).
❷　姜广辉. 中国经学思想史(第一卷)[M]. 北京:中国社会科学出版社,2003:6.

人情、不大合理，却愈有甚至深且厚、至真至确的根据存在着。自人类学、人种志和民俗学的研究开始以来，我们对于古代的神话和传说，已不仅仅视之为原始人里的"假语村言"了；自从萧莱曼和特洛伊城废址进行发掘以来，我们对于古代的神话与传说，也已不复仅仅把它们当作诗人们的想象的创作了，我们为什么还要把许多古史上的重要的事实，当作后人的附会与假说呢？❶

诚哉斯论！"我们为什么还要把许多古史上的重要的事实，当作后人的附会与假说呢？"如同陈寅恪先生所云："所谓真了解者，必须神游冥想，与立说之古人处于同一境界，而对于其持论所以不得不如是之苦心孤诣，表一种之同情，始能批评其学说之是非得失，而无隔阂肤廓之论。"❷ 顾颉刚先生之论诚所谓"隔阂肤廓之论"，而不能对古史"表一种之同情"。因为古史是鲜活的，而非无情冷物。

顾氏之论每每用所谓"客观"的"时代意见"来否定"历史意见"。钱穆说：

> 历史意见指的是在那制度实施时代的人们所切身感受而发出的意见。这些意见比较真实而客观。年代久了，该项制度早已消失不存在，而后代人单凭后代人自己所处的环境和需要来批评历史上以往的各种制度，那只能说是一种时代意见。时代意见并非是全不合真理的，但我们不该单凭时代意见来抹杀以往的历史意见。❸

---

❶ 马昌仪. 中国神话学文论选萃(上)[M]. 北京：中国广播电视出版社，1994：192.
❷ 参见陈寅恪《观堂先生挽词并序》一文。
❸ 钱穆. 中国历代政治得失[M]. 北京：生活·读书·新知三联书店，2008：前言.

古代的事迹与文明制度，在今天早已消失不在，但不能因为我们今天看不到，或者认为不合乎时下的看法而加以否定。古人已死，不能复生以辩白。今人健在，岂能肆意而否定？历史是生动活泼的，存在古书上，留在记忆中，活在习俗里。若如我们理解的"二重证据法"，是否一切历史必待考古发掘之后，才能不算虚假的呢？若如此，恐怕真实历史就不多了，而且，在古迹未出土之前，我们今人便无所措手足。

何况，以笔者的理解，王国维先生的"二重证据法"未必如"古史辨派"那样武断。试看观堂先生所言：

> 吾辈生于今日，幸于纸上之材料外，更得地下之新材料，有此种材料，我辈固得据以补正纸上之材料，亦得证明古书之某部分全为实录，即百家不雅驯之言，亦不无表示一面之事实。此二重证据法惟在今日始得为之，虽古书未得证明者不能加以否定，而其已得证明者不能不加以肯定可断言也。❶

观堂先生提出"二重证据法"，本不是要以"地下之新材料"而证明"纸上之材料"的真实性与否，而只是在"信古"和"传疑"的前提下，用"地下之新材料"来补正古书之不足（注意，此处所用"补正"一词至为关键）。王国维所言，"古书未得证明者不能加以否定"，这是"二重证据法"的前提，即明示其"信古传疑"的精神主旨。有当代学者将此精神主旨提升为古史资料之"非假推定原则"❷，而绝不同于"古史辨派"之"大胆的怀疑，小心的求证"。"其已得证明者"是指古书之传疑者已得"地下之新

---

❶ 王国维. 古史新证——王国维最后的讲义[M]. 北京：清华大学出版社，1994：2.
❷ 朱渊清. 古史的证据及其证明力[C]//. 杨庆中，廖娟. 疑古、出土文献与古史重建. 桂林：漓江出版社，2012：142.

材料"的佐证，所以才"不能不加以肯定可断言也"。此话的意思，似有所指。其指向或许就是当时的"疑古思潮"，王国维要用"地下之新材料"来堵住"疑古者"对"纸上之材料"大肆否定的悠悠之口。

王国维先生之"信古传疑"精神，从其精神品格便可轻易得出，若然其对传统文化历史不抱有"拳拳盛情"，老先生不至于自沉以殉道。对文化历史之"拳拳盛情"必使先生以"温情与敬意"研究之，而这显然与"信古传疑"精神相通而并行。

王氏之"信古传疑"精神，亦可轻易地从其文字获得证明。就在写下以上引文之前，观堂先生回顾了孔子、孟子及司马迁对古史的态度，如是写道：

> 研究中国古史为最纠纷之问题，上古之事，传说与史实混而不分，史实之中固不免有所缘饰，与传说无异。而传说之中，亦往往有史实为之素地，二者不易区别。此世界各国之所同也，在中国古代已注意此事，孔子曰信而好古，又曰君子于其不知，盖阙如也。故于夏殷之礼，曰吾能言之，杞宋不足征也，文献不足故也。孟子于古事之可存疑者，则曰于传有之，于不足信者，曰好事者为之。太史公作五帝本纪，取孔子所传五帝德及帝系姓而斥不雅驯之百家言。❶

王氏以为，在上古历史中，传说与史实夹杂有之，混而不分。这种情况是人类文明史的通病，而中国古人对此早有注意，孔子、孟子及司马迁皆以"信古传疑"之精神解决之。皆因上古悠远，文献难以久传，后世的

---

❶ 王国维. 古史新证——王国维最后的讲义[M]. 北京:清华大学出版社,1994:1.

文献不足，使传说多难证实。然而，历史是全部的人类经验，人类有个精神共通、大德通知者，可以感通悠远，思接千载，故孔子于夏殷之礼能言之，而只是文献不足征也。但文献的不足，不能作为否定历史的借口。可见，孔子、孟子及司马迁皆对古史抱有一种敬畏。这种敬畏使他们不敢轻易怀疑历史与传说，对古史采取一种谨慎之态度，是为"传疑"。除敬畏之外，还有一种信仰在，即孔子所云"信而好古"。两者合起来，可称为"信古传疑"之精神。王氏在提出"二重证据法"之前写下这些文字，意在继承孔子、孟子、司马迁的"信古传疑"精神。显然，从文字上看，王氏对此是肯定的。王氏只是觉得，古代考古科学没有当今这样发达，孔子"能言而不能征者"，无从以科学方法得以"补正"，是一种缺憾。王氏"二重证据法"，其出发点正在于要弥补孔子、孟子、司马迁的缺憾，让"传疑"之事，能以现代科学的考古手段找到可信证据，其目的正在于古史传说"不能不加以肯定可断言也"，而非先对古史加以否定，而后以"地下之新材料"加以证实。

王氏之"二重证据法"与"古史辨派"对待古史的立意有根本的不同。王氏是在"信古传疑"的精神下，以"地下之新材料"对"能言而不能征者"作以"补正"；而"古史辨派"则是在"充分疑古"的前提下，借助"地下之新材料"对"纸上之材料"作重新的"考证"。"补正"与"考证"差之毫厘，却谬之千里。立意的根本不同，对"二重证据法"的理解就根本不同。我们今天的"二重证据法"根本误解了王氏的本意，而在此基础上又发展出的所谓"三重证据法"也是大可商榷的。

之所以我们今天错会了王氏的意思，其原因也在于对王氏的学问不能报以"了解之同情"，而以自己想当然的理解对王氏的学问加以解读与运用。王氏的"苦心孤诣"本为古史之"信古传疑"精神张本，而反被"疑古者"利用，竟作为否定古史传说的手段！

因此，立意不同，便是态度不同，态度不同，便是文化传统不同，所谓"道不同，不相为谋"。我们继承孔子、孟子、司马迁、钱穆、陈寅恪乃至王国维之态度与传统，这是一种文化信仰的"大道"。此信仰与"古史辨派"之"疑古"信仰之道完全两隔。两者是根本不同的文化信仰。

因此，对古史系统和文化传统之必先有一种态度，后化为一种信仰，才能开始研究它。

第二节 八卦、嫁娶、礼乐：伏羲之礼乐传播

伏羲为三皇之首，又被后人称为中华人文始祖。也就是说，中国的人文教化自伏羲开始。在伏羲氏之前，中国尚未完全摆脱野蛮状态，伏羲之前的有巢氏、燧人氏都是解决人类的基本生存问题，如居住环境与饮食保暖。古史有以下记载：

> 上古皆穴处，有圣人教之巢居，号大氏巢。（《绎史·始学篇》）
>
> 太古之初，人吮露精，食草木食，穴居野处。山居则食鸟兽，衣其羽毛，饮血茹毛；近水则食鱼鳖螺蛤，未有火化，腥臊多害肠胃，于是圣人以火德王，造作钻燧出火，教人熟食，铸金作刃，民人大悦，号曰燧人。（《绎史·古史考》）

从以上记载可见，有巢氏教人居住之法，燧人氏教人熟食之用。二者皆不过人类生存的低层次需求。可见，在伏羲氏之前，人类生存条件险恶，"圣人"将主要精力都用在解决人类的生理需要上。由此可知，"伏羲以前

无所谓教育也。"❶ 管子有云："仓廪实知礼节，衣食足知荣辱。"此时的人类
对于更高层次的需要，如文化教育与文化传播需要等皆有所未逮。到了伏
羲氏时期，中国才彻底迈上了文化教育与文化传播发展的征途，故称伏羲
氏为人文始祖，而中国古典礼乐传播制度必肇始于此。

伏羲作八卦：悬象以教民

在伏羲氏时期，农耕方式尚未发展起来，先民的主要生活方式为渔猎。
据柳诒徵考证："伏羲之时，渔猎时代也。"❷ 伏羲氏作为天下"圣王"，作为
氏族领袖，其主要工作是带领民众捕鱼狩猎。然而，只是带领捕鱼狩猎尚
且不够，伏羲氏还要教授狩猎的技术，故《尸子》中有云："伏羲之世，天
下多兽，故教民以猎。"

渔猎与日常的天气变化联系紧密，若遇大风、雷雨等极端天气，渔猎
会受到极大的影响。古人多徒步来往，突遇极端天气不能迅速回家避险。
故渔猎之先，必先预测一下未来的天气变化情况。伏羲作八卦就是在这种
形势下完成的。《易·系辞》曰：

> 古者包牺氏之王天下也，仰则观象于天，俯则观法于地，观
> 鸟兽之文与地之宜，近取诸身，远取诸物，于是始作八卦，以通
> 神明之德，以类万物之情。(《易·系辞》)
>
> 伏羲至纯厚，作易、八卦。(《史记·太史公自序》)

此包牺氏即伏羲氏也。伏羲上观天文，探索宇宙星辰、气象运动的规

---

❶ 黄绍箕,柳诒徵. 中国教育史[M]. 福州:福建教育出版社,2011:10.
❷ 柳诒徵. 中国文化史[M]. 长沙:岳麓书社,2012:47.

律，下察地理，探究大地常行载物的通则，中观鸟兽的纹理与山川的形象，内观自身，外观万物，创造出能预测宇宙、自然和人事的奥秘，即所谓"通神明之德，类万物之情"的"八卦"。"八卦"就是伏羲氏根据宇宙运行之道而创造的八个"卦象"，即乾、坤、震、巽、坎、离、艮、兑。乾为天之象，坤为地之象，震为雷之象，巽为风之象，坎为水之象，离为火之象，艮为山之象，兑为泽之象。显而易见，八卦的卦象都是由自然事物抽象而来，而且这些自然事物无一不与当时人们的渔猎生活密切相关。这些卦象往往被悬挂在高处，伏羲根据不同的自然气象而卦象随之变化。民众前去渔猎之初，先看卦象，以决定行动与否。所以，《易·系辞》曰："圣人设卦观象。"此处圣人指伏羲，意思是伏羲创造卦象以教导民众。孔颖达在《周易正义》中对此解释道："卦者，挂也，言悬挂物象以示于人，故谓之卦。"此明言伏羲把卦象悬挂在显眼之处，以供人观瞻。

伏羲"悬象设教"，是通过卦象来教化民众。八卦卦象就是教化万民的教科书与文化传播方式。对此，惠栋《易例》中言"圣人治天下之书，皆名象"，其意思是指伏羲氏以卦象作为教化天下的书籍。既有书，必有文字，文字就是八卦的各个卦象。朱熹曾说，八卦为文字之祖。而据柳诒徵说，八卦实即古之文字。❶

另据孔安国《尚书序》云：

> 古者伏羲氏之王天下也，始画八卦，造书契，以代结绳之政，由是文籍生焉。（孔安国《尚书序》）

又《说文》云：

---

❶ 黄绍箕，柳诒徵. 中国教育史[M]. 福州：福建教育出版社，2011：11.

> 文者，物象之本也。籍者，借也，借此简书以记录政事，故
> 曰籍。(《说文》)

伏羲之世，所画的卦象是其文字，而记录政事的书籍同时而出。由前文可知，此书籍必为《三坟》无疑。《三坟》作为记录政事的书籍，是最早的历史著作，后世之《尚书》由此而来。

有文字，有书籍，这是文明教化开展的基础，也是文明传播的基础。在此基础之上，尚需要适当的礼乐传播秩序加以实施。而"悬象教民"便是礼乐传播秩序的最早实践。《周礼·地官司徒》曰：

> 大司徒……正月之吉，始和，布教于邦国都鄙，乃悬教象之
> 法于象魏，使万民观教象。(《周礼·地官司徒》)

大司徒作为主掌教令的长官，选择正月的吉日，宣扬王政的教化。把"教象"，即文告悬挂起来，万民开始接受王化的教育。这是一个威严而庄重的教化与礼乐传播秩序。但上古之世，民智未开，虽有卦象之文，《三坟》之书，而民众往往不能理解其意。卦象悬于上，需要进行解释，史书称伏羲作"十言之教"，以向民众言明卦象变化的消息。❶

神道设教：圣王教化的"初心"

孔子曰："生而知之者，上也。"(《论语·季氏篇》)古人以为尧、舜等圣王为不学而知，自然伏羲作为圣王也不例外。说伏羲"生而知之"，以时下科学之观念论之，有过分之嫌。但人人先天禀赋的差别、后天修为的大

---

❶ 黄绍箕,柳诒徵. 中国教育史[M]. 福州:福建教育出版社,2011:10—11.

小，相差千万倍的也有。古"圣人"因其先天禀赋与后天修为之完美，近于"生而知之"，可以找到所谓科学的解释。

古代民众对自然规律的认知有限，看到伏羲画卦卜筮能预测气象、人事，以为神灵。伏羲因而用之，万民畏其德，而信服之，是为"神道设教"。《观·象》曰："圣人以神道设教，而天下服。"对此，柳诒徵先生解释道：

> 解者多以神道为卜筮，不知邃古之时，蚩蚩愚民舍食息外无所猷为，欻见伏羲创立字画，以代言语记事物，必疑其出于神道，而不能明其所以然。故曰："圣人以神道设教，而天下服。"❶

伏羲以"神道设教"，而治理天下，天下万民莫知其理，怀疑伏羲得自神灵相助，谓伏羲乃"神人"也，故而心悦诚服。

伏羲之"神道设教"，首先依赖于伏羲的"创立字画"。此"字画"即指八卦卦象。先民突然见到伏羲能用卦象记录事物，能代替结绳之政和言语，心里感觉惊异。又见卦象记录事物，比之以前结绳之政大大方便了许多，虽心不知所以然，但乐于学习和使用。"好学者不如乐学者"，伏羲以卦象教民，民得其利而用之，是为"书"教。后世君子"六艺"之一的"书"教也由此而来。

伏羲之"神道设教"，还在于其发明数理规律。《管子·轻重戊》曰："虙戏……作九九之数，以合天道。"这里的虙戏即指伏羲。"九九之数"应为数理规律。伏羲氏发现了这些数理规律，并根据这些规律发明了许多器物，如捕鱼之网罟、狩猎之工具等。

---

❶ 黄绍箕,柳诒徵. 中国教育史[M]. 福州:福建教育出版社,2011:12.

> 古者包牺氏之王天下……作结绳而为网罟，以佃以渔。(《周
> 易·系辞传下》)
>
> 伏羲制杵舂之利，后世加巧，因借身以代碓，而利十倍。(桓
> 谭《新论》)

伏羲发明这些器物之后，便传授万民这些器具制作之法。数理知识与制作方法在此一并成为传授的内容。所以，柳诒徵说：

> 物制器，非数不显，伏羲发明数理，然后网罟耒耜诸器相继
> 以兴，则其以数教人之功也。❶

数即数理、术数。柳诒徵先生以为，网罟、耒耜诸器逐渐发展兴盛起来，都是伏羲氏以数理教育万民的功劳。这种教育就是后来六艺中的"数"。

"神道设教"与古代原始宗教相关。古人远未开化，对自然祖先之神异，不知其理，而崇拜祭祀之。民之开化，非一时所能完成。古代圣王以"神道设教"，引导民智逐渐至于开化，盖不得已而为之也。伏羲作为"圣王"，因其卓异之德能，民众多信服而崇拜，故教化万民无往而不利。对此，柳诒徵先生说：

> 吾国古代之开化，亦由神道设教，民智始日即于开明。故帝
> 王御宇之初，无不假神灵以奇其迹。❷

"神道设教"，是伏羲时代的教育方式与文明的传播方式，是适合于其时代背景选择的最佳传播模式。它是一种不得已的选择，是上古圣王教化

---

❶　黄绍箕,柳诒徵. 中国教育史[M]. 福州:福建教育出版社,2011:13.
❷　同❶:171.

万民的"一念初心",而非所谓的"迷信愚弄"。随着中国先民的日渐开化,特别是礼乐文明的发端,"神道设教"日渐走下神坛,中国逐渐走向了人文礼乐文明传播的康庄大道。而这并不需要久等,伏羲作律法、因夫妇、制嫁娶、正人伦,便立即拉开了人文礼乐文明秩序的帷幕。

作律法、因夫妇、制嫁娶、正人伦:人文礼乐传播秩序的发端

若说文字的产生是人类步入文明社会的标志,那么人伦秩序的建立意味着人类彻底告别动物界,达到了一种较高程度的文化自觉。人伦秩序是人类文明秩序的核心,若人伦秩序一旦崩塌,则人类必重归于禽兽之列。

伏羲制作八卦卦象及网罟等发明制作是所谓阴阳之术、奇偶之数而已,足以提高人类的生产效率。但仅此而已,并不能严格与禽兽世界区分开来。对此,古人多有高论:

> 鹦鹉能言,不离飞鸟;猩猩能言,不离禽兽。今人而无礼,虽能言,不亦禽兽之心乎?(《礼记·曲礼》)
>
> 饱食暖衣,逸居而无教,则近于禽兽。(《孟子·滕文公上》)

俗话说:"人有人言,兽有兽语。"鹦鹉、猩猩皆能言语,但它们仍属禽兽之类。可见,语言并不是区分人与禽兽的标志。对此,古人早有分别。反观现在的人类,反而颠倒本末,进退失据。

与禽兽之分别既是先民的直觉及经验,也是先民追求的方向和目标。此种共同思想虽有,但是很难自成。必待有先知先觉之圣人出现,把先民之普遍之想法与追求化为一种大思想,然后有此圣人以此大思想来引导教育并传播之,使先民能迅速摆脱蒙昧,与禽兽之群区分开来。对此,钱穆先生说:

凡属大思想出现，必然是吸收了大多数人的思想而形成的，又必传播到大多数人心中去，成为大多数人的思想，而始完成其使命。此少数之思想家，正所谓先知先觉，先得众人之心所同然。然后以先知觉后知，以先觉觉后觉，以彼少数思想家之心灵，发掘出多数心灵之内蕴，使其显豁呈露，而辟出一个多数心灵的新境界。某一时代思想或学派思想，其影响力最大者，即其吸收多数人之思想者愈深，而其散播成为多数人思想者愈广，因此遂称其为大思想。❶

在远古时代，此大思想家便是伏羲。伏羲"先知先觉"，所谓"先得众人之心所同然"，用今天的话说，就是率先掌握了人类前进的方向与规律。经过个人长期反复酝酿而成熟，并以此"大思想"来觉悟后来者，使后觉者心灵能突然开明，即"人人皆可为尧舜"也。众人之心灵开明之后，整个社会之心灵便树立起来。这便是礼乐文明秩序的大道。

"先知觉后知，先觉觉后觉"不能一蹴而就，自然便可完成。这中间需要一个教育与传播的过程，古人称为"教化"。大思想必须转化成具体的实践，才能教化民众。伏羲氏把其想象化为能行常行之道，便是"作律法"；其思想转化为能行常行之道，便是作律法、因夫妇、制嫁娶、正人伦等。

古人非常重视音乐的作用。古人认为音乐能够感通神灵、正心和气。人能通过音乐陶冶性情，防止邪淫之心，恢复淳朴本性。这样，音乐教育就成了社会教化的关键所在。

音乐教育必须有乐器。古史记载，伏羲制作琴瑟。根据古代典籍记载：

---

❶ 钱穆. 中国思想通俗讲话[M]. 北京：生活·读书·新知三联书店，2010：自序.

伏羲作琴，所以御邪僻，防淫心。（《琴操》）

包牺氏作瑟，五十弦。瑟，洁也，使人清洁于心，淳一于行。

（《世本》）

琴瑟作为乐器，必须结合乐律才能演奏乐曲。古史记载，伏羲氏通过发明《易》理，而作为律法。

伏羲氏作《易》，纪阳气之初，以为律法。（《后汉书·律历志》）

有律法、有乐器，音乐教育自此而兴。古人认为，音乐教育的作用比说教的效果更好。因为音乐能直达心灵，而言语说辞毕竟有理解意义上的隔阂。所以，何休说：

凡人之从上教也，皆始于音。五声，所以感荡血脉，流通精

神，存宁正性。（《公羊解诂·隐公六年》）

古人的教育，往往起始于音乐教育。音乐教育能感荡性情，能保持宁静之心而正其性。但音乐教育本身并不是古圣王的目的，其目的在于通过音乐教育以扶正人心，建立一种光明和谐的文明礼乐秩序。可以说，伏羲发明乐律及琴瑟，开启了中华文明礼乐秩序。所以古人说：

包牺……丝桑为瑟，灼土为埙，礼乐于是兴焉。（《拾遗记》）

而文明礼乐秩序也是一种人伦政教制度。人伦发源于夫妇，故人伦政教制度，即文明礼乐秩序须从夫妇之道说起。因此，孔子曰：

君子之道，造端乎夫妇；及其至也，察乎天地。（《礼记·中庸》）

对此，孔颖达《礼记正义》疏："言君子行道，初始造立端绪，起于匹

夫匹妇之所知所行者。"君子认知"中庸"之道理，都从普通夫妇"所知所行"而开始的。辜鸿铭则认为："君子之道，始于丈夫和妻子之间的关系。"❶

辜鸿铭的解释直观、合理。君子之道是古人建立文明秩序的最高追求。老子云："千里之行，始于足下。"而这个最高追求，要从最基本的夫妇关系开始。君子之道开始于夫妇关系，也就是说，中国文明秩序的建立也要以"夫妇之道"为基础。在中华文明秩序创立之初，伏羲氏便认识到了这个问题，既是这样想的，也是这样做的。

伏羲氏之前，人类虽然解决了饮食（燧人氏）、居住（有巢氏）等生活基本问题，但仍然没有建立起人伦秩序。那个时候，人类人伦关系甚至是混乱的，与禽兽无异。

> 古之时，未有三纲六纪。民人但知其母，不知其父，能覆前而不能覆后。卧之法法，起之吁吁。饥即求食，饱即弃余，茹毛饮血而衣皮革。于是伏羲仰观象于天，俯察法于地，因夫妇，正五行，始定人道。（《白虎通·号》）

伏羲氏之前，人伦未定。人类只知道有其母亲，而不知道谁是其父，两性关系处于"乱交"时代。显然，此时人类男女之欲望漫无禁制，其与禽兽之类没有多大区别。这种"乱交"必然导致邪欲盛行，而危害当时社会。伏羲氏出，见此危乱，设计夫妇之体制以矫正之。

柳诒徵先生认为："至于伏羲之世，始有夫妇之制。"❷ 夫妇之制开始于伏羲时代应是无疑的。人类"乱交"时代，之所以秩序混乱，皆因男女结

---

❶　辜鸿铭. 中国人的精神［M］. 上海：上海三联书店,2011:54.

❷　柳诒徵. 中国文化史［M］. 长沙：岳麓书社,2010:29.

合时并无一个社会认同的礼仪制度。所以，要建立夫妇之制，首先要设定一种结合礼仪。有了这个礼仪，邻里乡亲见到，男女双方认同，其夫妇关系才可能确定下来。伏羲氏的婚礼仪式还远非后世那么烦琐。但媒妁之礼已经出现了。

伏羲……正姓氏，通媒妁，以重万民之丽，俪皮荐之以严其礼。（《路史·后纪一》）

男女结合之前，需要媒妁之言相通好，这等于第三方证人证明了男女两人的婚姻关系。而男女双方则需要以礼物来表示一种严重的承诺，也是一种庄重的信任和担保。"俪皮"就是成对的鹿皮，在当时算是比较贵重的物件，所以用作聘问、订婚的礼物。

自然，聘问、订婚以后，便是嫁娶之礼。古史记载，伏羲亦制嫁娶之礼。

伏羲制嫁娶，以俪皮为礼。（《古史考》）

以媒妁、嫁娶之礼，对婚姻做了固化和规定。人类自此脱离了"乱交"的混乱苦海，区别了禽兽之类，走上了人类文明的光明大道。君子之道是中华文明的根本大道，而君子之道来源于夫妇之道。夫妇之道因伏羲氏而昌明，因此说伏羲氏为中华文明始祖实至名归。

夫妇之秩序确定以后，"民人但知其母，不知其父"的历史再也一去不复返了。以前，不能确定的父子关系、兄弟关系等也随之被一一确定了下来。自此，家庭人伦秩序已完全建立起来了，即后世之谓"五常之教"。《尚书》中说帝舜能躬行"五常之教"。

（帝舜）慎徽五典，五典克从。（《尚书·舜典》）

"五典"即五常之教，包括父义、母慈、兄友、弟恭和子孝。从《尚书》记载可知，五常之教是帝舜治理天下，确定政教文明秩序的伦理基础。君臣之义就是从父子之义扩展延伸而来的。帝舜时期，以"五典"为中心伦理政教秩序已趋于成熟。凡事必有渐进之源头。从伏羲氏确立夫妇之道开始，一直到尧舜，一路发扬光大，其文明秩序之大道一脉相承。

伏羲发明夫妇之道是人伦秩序的开始，又直接衍生出"五常之教"。"五常之教"又生发出"君臣之义"，中华大一统的人文礼乐文明喷薄而出。伏羲氏以此教化天下，而后世君王无不被其泽，沿其道而扬其波。是故：

且夫建武之元，天地革命，四海之内，更造夫妇，肇有父子，君臣初建，人伦是始，斯乃伏羲氏之所以基皇德也。（《文选·东都赋》）

伏羲氏作律法并发明琴瑟，以音乐教育万民，使民心向善，开创了"乐"教的先河。而因夫妇、制嫁娶、正人伦，则建立了中华文明礼制，为中华"礼教"之先声。乐为礼的形式，礼为乐的内容，二者结合，中华礼乐政教制度至此肇始。是以班固《东都赋》曰：

且夫建武之元，天地革命，四海之内，更造夫妇，肇有父子，君臣初建，人伦实始，斯乃伏牺氏之所以基皇德也。

班固如此盛赞伏羲的建元更始，窃以为恰得其评。

"养民"与"教民"相统一：中华古典礼乐传播制度发源

伏羲时代，虽然历经有巢氏、燧人氏而渐渐基本解决了居住、熟食等问题，但渔猎所获毕竟不足，人们难免因食物而相互争斗。伏羲氏制作网罟等渔猎工具，并教授民众以渔猎之道；加之作八卦能预知天气，人民渔猎所获渐多，而争斗渐渐平息。渔猎所获既多，伏羲又教授以备用储蓄之道。然而，渔猎有时而尽，伏羲则教之以"佃渔"之道，民众能蓄养鱼兽之类，渐渐至于自养而自足富有也。伏羲又称包牺氏，其意就是教人取牺牲以供庖厨。"包牺在位，庶政初举，顾名思义，要以教民佃渔畜牧之烈为最先。"❶ 推而广之，就是教人以"自给自足"而庖厨之间充盈，民得无饥馑之患。伏羲氏教"民"以"自养"，即所谓"养民之教也"。此教始于伏羲，此前未得闻也，故称"包牺以前，未闻有'养民'之方也，故包牺始'养民'"。❷

《论语》有以下记载：

> 子适卫，冉有仆。子曰："庶矣哉！"冉有曰："既庶矣，又何加焉？"曰："富之。"曰："既富矣，又何加焉？"曰："教之。"（《论语·子路》）

孔子告诉我们，一个国家首先要养民并使之富庶，便需要教民以礼，建立社会文明秩序。伏羲"养民"乃使民以庶以富，既富庶以后，又教民以习礼，建立文明的社会伦理秩序。伏羲始制嫁娶，便是教民以习礼。教民以礼是"育民"之道，也可以说是文化教育之道。"包牺氏以前，未闻有'育民'之方也，故称包牺始'育民'"❸，此"育民"之道也由伏羲开启。

---

❶ 章嵘. 中华通史（上）[M]. 北京:东方出版社,2012:159.

❷ 同❶:159—160.

❸ 同❶:161.

此处可见，古圣王"养民"与"育民（教民）"的结合，此理千古不易。而"养民"与"教民"之统一，则是中国古典礼乐传播制度之发源。此制度肇端于伏羲时代，而后经神农、伏羲、尧舜、夏商的发展完善，直至西周而臻于鼎盛。其间"礼乐传播"四字的意义，虽有损益变迁，然其主旨却不离"天、地、人"大一统的礼乐文明秩序。孔子出，上承伏羲以下古典礼乐传播制度的经验，并以平民礼乐传播内容补正之，从而开启了秦汉以下中华两千余年建立在中华古典礼乐传播制度上的辉煌文明历史。

第三节　教稼穑、明医药、设明堂：
神农之礼乐传播

经伏羲氏教民以佃渔畜牧之技术后，先民食物渐渐富有。而自有礼乐传播制度以后，社会大治。社会大治，而人类繁衍日盛。终于，渔猎蓄养之物不够使用。肉食不足，瓜果粟米以补充。神农氏出，发明耕稼之法，并以教民，农业是以开始兴起。先民总食肉类，人体积累毒素渐多，至于疾病频发。神农氏作为一位先知先觉者，渐知五谷杂粮可以调节。于是亲自试尝百草，终于谙熟各种草药之性，撰写《神农百草经》，中华医学与养生之道自此产生。神农以草药救治百姓，并传授药学医理。中华医学教育自此开端。五谷之用、草药之性，诚为自然物质的精华。先民渐渐知其大用，而农业大行其道。农业在中国之长久兴盛，非独地理环境之一因也，诚由神农以圣王的天资，早识五谷草药的大用，由思想决定而非环境决定。农业的发明使先民渐渐定居下来，其生活渐渐趋于固定，其宗族成员使趋于稳定，因此宗族社会得以建立。而农业与商业的发展，加之医学兴起，民数大增。同时，各种生活事务及政务也日趋繁杂，神农氏设明堂作为宗族议事之地，以会商处理各种事务和祭祀。明堂虽为议政之地，因议事不常有，时有空闲，故又用来教育宗族之子弟，作为学校使用。这便是最早的学校教育。

神农教稼穑：最早的"农本"教化与传播

神农氏之所以得名为"神农"，就是指神农发明农业种植之法，即"稼穑之法"，使先民不再单纯依靠肉类，而转以谷物为主食。

> 神农因是发明耕稼之法，俾人民不必专恃游牧以为生，鲜食进化而为粒食，又即神农之所以的名者也。❶

章嵚所言，以为食谷物是对食肉食的一种进化，姑且不论，但神农发明耕种之法当无可疑。古史记载，神农三岁即知稼穑之事，以为天赋奇异。

> 神农生三辰而能言，五日而能行，七朝而齿具，三岁而知稼穑般戏之事。(《春秋元命苞》)

此记载或多有渲染之辞，但自有其言外之真实。神农三岁便懂得耕种的道理或许有些夸大，但此话侧重要表明的是"神农之农学出于天纵"❷，换句话说，是无师自通。其背后的意思呼之欲出，即稼穑之事是神农自明之事，或者说稼穑之事本来就是由神农氏发明的。

神农既发明耕种技术后，便传授人民以耕种之法。古史记载：

> 神农氏作耒耜，教民农作。(《周易·系辞》)

---

❶ 章嵚. 中华通史(上)[M]. 北京：东方出版社，2012：162.

❷ 黄绍箕，柳诒徵. 中国教育史[M]. 福州：福建教育出版社，2011：17.

神农开发农具教民耕种。但神农的教化，不仅仅见于传播耕种技术，更重要的是要教会民众认识到农业的大作用。神农氏把农业的作用提升到一个对现实、社会和人生的重大意义中来。这是博大精深的农学教育，而非简单的技术教育与传播。故圣人通常把专业之实用提升到现实社会人生之大意义中来。如钱穆所说：

> 担任这一业，必须懂得这一业在人生大道共同立场上的地位和意义。❶

农业的传播是一种实用的技术。但唯其懂得农业这一行业，在其人生大道的意义，人们才会深爱农业，并精心呵护而发展农业。否则，人们会认为农业只是实用，其他与我无干，农业必陷于枯萎之境地。中国几千年来的农业辉煌文明证实了钱穆的说法。

神农建立的农业教育，实质上是博大精深、具有人文精神关怀的"农本之学"。

> 神农之教曰："士有当年而不耕者，则天下或受其饥矣；女有当年而不绩者，则天下或受其寒矣。"故身亲耕，妻亲绩，所以见致民利也。（《吕氏春秋·爱类》）

神农把个人耕种置于天下国家饱暖的框架下，教育民众认识到个人耕种对于天下的重大意义，并以帝王之尊，而躬亲践行。民既识其理，又敬畏神农之盛德，故其教育可得而成之。

耕种不但能使民得饱暖，农业的粮食储备更是守护国家城池的基石。

---

❶ 钱穆. 国史新论[M]. 北京：生活·读书·新知三联书店，2010：198.

神农之教曰："有石城十仞，汤池百步，带甲百万，而无粟，弗能守也。"（《汉书·食货志》）

在战争之际，即使有异常坚固的城池，有百万之众的精锐战士，但如果后勤粮食不足，国家城池也是防守不住的。所以，神农教育人们要重视农业生产，把农业教育作为国防教育的基础，从保家卫国的高度教育人们认识到农业生产的重要性。

可见，神农认为农业是国家兴旺、国防坚固的基础。农业是立国之本。神农对农业教育就是建立在立国之本的基础上的，故神农的农学可称为"农本"教育。

"本立而道生"，农业作为国家之根本树立起来了，国家治理就自然蒸蒸向上。所以，古人说：

神农之世，男耕而食，妇织而衣，刑政不用而治，甲兵不起而王。（《商子·画策篇》）

神农之时，天下大治，男耕女织，秩序井然。人人安守本分，乐守其业，盗贼祸乱者藏形匿迹。国家治理不用刑罚政令，甲兵不用而远人慕德自来归附。这一切，皆源于神农"农本"的传播制度。此"农本"的教"养民"以治，造就了数千年的中国光辉灿烂的农业文明。

神农尝百草："生命自养"教育之起源

神农发明了农业，农业种植的五谷等作物有调理身体的功效。这种功效经过人民的长期摸索，特别是神农本人的研究，其医学道理被神农而掌握。而野生植物的药物价值也被神农经过努力探索所掌握。神农尝百草的故事可谓家喻户晓。植物的特性往往受到自然环境和土壤水质因素的影响，所以各种作物的种植必因地制宜。农业对地理环境、土壤均有较高要求，而不同农作物对土壤特质、气候、燥湿要求也不同。所以，安排农业种植必以地理条件认知为基础。神农因探究植物药理，而对地理、土壤及水质均有研究。

> 古者民茹草饮水，采树木之实，食蠃蚌之肉，时多疾病毒伤之害，于是神农乃始教民播种五谷，相土地，宜燥湿、高下；尝百草之滋味，水泉之甘苦，令民知所避就。（《淮南子·修务训》）

神农辨别土壤、水质的特征，是为教民选择适宜的土地进行作物种植。药性往往随土壤、水质而定。野生诸多作物，可能含有毒性。神农试尝百草，以辨别其特性。水质也是如此，有些地方之水可能不适合饮用。神农一一辨别，其目的在于使人民远离毒害。

远离毒害尚且不够，人食五谷杂粮，往往患有疾病。治愈疾病，往往需要多种草药配合调理而成。神农既熟知各种草药的特性，又能自行研究而悟出诊治各种疾病的药方。自此，中华中药医学建立了起来。

> 上古民有疾病，未知药石，炎帝始味草木之滋，察其寒温平热之性，辨其君臣佐使之义，尝一日而遇七十毒，神而化之，遂作方书，以疗民疾，而医道立矣。（《通鉴外纪》）

宇宙万物皆有其独特的意义存在。各种药物其寒温平热特性不同，然而却各有其意义。天地日月各自不同，但因其各在其位而构成了一个完美的宇宙自然秩序。人类社会也是如此。人人的禀赋、能力、地位不同，然各得其所，各取所需，也会构建一个和谐的人类文明秩序。药理也是如此，不同药物有不同的属性，而根据疾病特征的不同，需要相互配合而发挥效用，此所谓"君臣佐使之义"。而神农根据"君臣佐使之义"，神而化之，创制药方，以治疗疾病，此所以生命"自养"之道也。

从伏羲观察天地人及万物而作八卦以来，中国一切文明皆源自对宇宙秩序的认知、学习与效法。此所谓依象比类之"天道"。政治治理之道源自天道，而药理之道比拟于"政道"，可见中华医学之道亦上通"天道"。医道、政道、人道、天道之大一统的文明体系在此见得分明。

神农探知百草之性，使民知避就，是顺"百草"之性；神农因地种植，是顺"土性"；神农作方书，是顺天地秩序之"本性"。神农的中医药学问，是天地人大一统的学问，是一种顺承自然之道的生命养生与康复学问，而非一种医疗技术。神农以此医学之理，教育民众，民众可以顺承自然之道而避免或减少疾病，实现生命的"自养"。

神农作明堂：最早的学校

伏羲以前不闻有学校，伏羲画八卦、作书契、生文籍、制嫁娶。柳诒徵先生认为，书、数、乐、礼"四艺"在伏羲之世已经产生。

> 伏羲之世，有书，有数，有乐，有礼，均于卦象见之。保氏六艺在伏羲时已发明其四，其有功于教育甚大。❶

伏羲氏发明书、数、乐、礼"四艺"，对后世的教育贡献极大，为后世教育提供了内容基础。然伏羲时并无固定场所实行教育之事。伏羲时，先民以渔猎为主，农事尚未发达。渔猎虽与天象有关，然不过雨晴而已。先

---

❶ 黄绍箕，柳诒徵. 中国教育史[M]. 福州：福建教育出版社，2011：11.

民渔猎时，观卦象而知雨晴，然后决定行渔猎之事。渔猎仅需简单之天象信息便足矣。渔猎的丰歉与天气并无直接关系。故伏羲之民，但知敬畏自然，并没有祈求天象以得丰足之心理。神农氏时，农事渐兴，简单雨晴的天象已不能满足农事的需要。季节的更始、寒暑的交替、星象的变化等都需要精确把握，以"敬受农时"。农事的兴起与发达对于天象的要求更加精细化。而天象无常，风雨、寒暑等皆可有异常。农事对自然环境及天气条件要求又较为严格，故先民既于异常处敬畏自然，又常常祈求自然能风调雨顺、五谷丰登。观卦象而得天象信息与祈求自然天象二者便联系到一起，既然联系到一起，便可放置在一起来做。悬卦象以教民与祭祀神祇便合于一体，置于一室，此一室称作"明堂"。柳诒徵先生认为："明堂者，学校之权舆，而古代帝王布政施教之所也。"❶

可见，明堂是神农时代的学校，是神农颁布政令、宣扬教化之所在，也就是中国最早的学校。

《淮南子》云：

> 昔者神农之治天下也，神不驰于胸中，智不出于四域，怀其仁诚之心，甘雨时降，五谷蕃植，春生夏长，秋收冬藏，月省时考，岁终献功，以时尝谷，祀于明堂。明堂之制，有盖而无四方，风雨不能袭，寒暑不能伤，迁延以入之，养民以公。其民朴重端悫，不忿争而财足，不劳形而功成，因天地之资而与之和同。是故威厉而不杀，刑错而不用，法省而不烦，故其化如神。其地南至交趾，北至幽都，东至旸谷，西至三危，莫不听从。（《淮南子·主术训》）

---

❶ 黄绍箕,柳诒徵. 中国教育史[M]. 福州:福建教育出版社,2011:14.

　　明堂之制始于神农，明堂之用在于祭神教民。杨泉《物理论》曰："畴昔神农正节气，审寒温，以为早晚之期，故立历日。"祭神需择吉时，无历法便无以推算。春种秋收亦皆据农时，无历法，民从农事亦无所守。劝农教稼，须有定时。故神农以明堂为场所，教育农民顺守历法，按时耕种。春生夏长，秋收冬藏，皆拜上天与自然所赐。岁终之时，不能不感谢上苍，故"岁终献功，以时尝谷，祀于明堂"。明堂祭祀感恩于上天之赐，又祈求于来年农事有成，此一事在于事功性教育。

　　此外，明堂之教育万民，其宗旨在于"养民以公"。神农时，天下大事，"在祀与戎"。戎是对外的军事，祭祀是当时内政的全部所在。明堂既是祭祀教民之所，又是内政议事之地。政事、农事、教育三者合一，政无所隐，民无所惑，故其民"朴重端悫，不忿争而财足"。为政者"不劳形而功成，因天地之资而与之和同"，而达到"威厉而不杀，刑错而不用，法省而不烦，故其化如神"的效果。

　　《淮南子》曰："古者明堂之制……堂大足以周旋理文。"明堂作为颁布政令、聚众议事之地，其占地空间必然宏大。所谓周旋指能让兆民辐辏其间而能容括无碍。"理文，理政事文书"，政事文书藏于明堂之中，明堂就是藏书之所。由此可见，明堂既是兆民议事所在，又是藏书之馆。明堂规模宏大可见一斑。柳诒徵先生以为："后世明堂制度详于神农，然其以明堂为教民之所，实由神农开之。"❶ 非但教民，明堂藏书亦由神农开之。教学、藏书兼有而一体，已颇近当代大学的体制。中国上古之时，能开此制，虽由伏羲、神农之圣神天纵，也是中国文明早发早熟的明证。

　　神农设明堂的功用，古人阐发已明。

---

❶ 黄绍箕，柳诒徵. 中国教育史［M］. 福州：福建教育出版社，2011：15.

> 天子立明堂者，所以通神灵，感天地，正四时，出教化，宗
> 有德，重有道，显有能，褒有行者也。（《白虎通·灵台明堂》）

所谓"通神灵，感天地"，即明堂之祭祀天地、祖先之作用。"正四时"是神农"授民以时"，确定时令节气，教民以按时耕作。此为天象历法之学，源自伏羲，而成于黄帝。"出教化"则是指明堂为教化宣扬的所在，主要是学校的功用。"宗有德，重有道，显有能，褒有行者"，表示明堂乃政事的府衙，以行"扬善惩恶"的作用。可见，明堂的功能，集议政、祭祀、劝农、教学乃至藏书于一身。即便如此，明堂也可视作学校的前身，是最早的学校发源。

总之，神农的"教稼穑"，使教民耕种以"自养"；"尝百草"，使民知所避就；"作方书"，使民明药理，民得生命"自养"之方也；"作明堂"，祭祀天地、祖先，诵习数、书、礼、乐，使民得精神的"自养"也。神农的教育，前承伏羲之脉络，秉持"教民以养"之精神，可谓"农本"的文明传播制度。

文字、养生、明民共财：黄帝之礼乐传播

孔安国的《尚书序》以黄帝为三皇之殿军，而司马迁之《史记》则以黄帝为五帝之首。两者的不同说法均显示了黄帝在历史上的独特地位，黄帝是承前启后、开辟新时代之伟大人物。此两种说法虽有不同，然黄帝继神农氏而兴，并无异议。

> 轩辕之时，神农氏世衰，……而诸侯咸尊黄帝为天子，代神
> 农氏，是为黄帝。（《史记·五帝本纪》）

轩辕黄帝之时，神农氏道德衰落，诸侯相互征伐，百姓不得安生。黄帝修德振兵，与炎帝战于阪泉之野。《史记》所谓"三战，然后得其志"。黄帝经过了多次战争，最终战胜了炎帝。诸侯拥戴黄帝为天子，以取代神农氏治理天下。

由此可见，黄帝做天子是继承了神农氏的政教系统，所以才称"代神农氏"。黄帝继承大统后，在继承伏羲、神农礼乐传播制度基础上，有发扬、有创新、有损益，从而开创了第一个具有实质意义上的统一的天下文明秩序。因此，章嶔认为：

> 黄帝之统治中夏也，承包牺、神农二代之后，凡关于政事上之措施，前此之二代，固已有发明者，黄帝从而新之，或因或创，而政纲大举。❶

伏羲氏开创的礼乐传播秩序吹响了华夏民族脱离蛮荒的号角。神农氏的礼乐传播秩序则使华夏民族朝向统一的文明家国疾速迈进，而黄帝在前两者基础上，最终建立了具有现代国家意义上的文明大一统的"天下"礼乐传播秩序。

何以证明在黄帝时期已具备国家之形制？司马迁所著《史记》有以为证：

> 天下有不顺者，黄帝从而征之，平而去之。……东至于海，登丸山，及岱宗。……置左右大监，监于万国。（《史记·五帝本纪》）

黄帝之时，已经可见"礼乐征伐自天子出"国家文明秩序的端倪。众

---

❶ 章嶔. 中华通史（上）[M]. 北京：东方出版社，2012：167.

所周知，此秩序乃西周封建文明国家的标志。黄帝时期，由此端倪可见国家形制已略具规模。黄帝巡行天下，并于泰山行帝王"封禅"大典，以及设立"左右大监"等国家行政职位，以监察管理各个地区。这些皆与后世帝王所行之事无异，又足见其国家形制之确立。

仓颉造字：文教礼乐一统的象征

黄帝时期，许多发明制作都是由伏羲、神农开其端绪，文字也不例外。上文所论，伏羲作八卦是文字的起源。何以黄帝时期仓颉又造字？柳诒徵先生认为：

> 伏羲画卦，神农结绳，皆仅开文字之端绪，文字之体，实至黄帝时始正。❶

一物之发明必有其渊源，而后不断发展和完善，最后才始臻于成熟。伏羲的卦象实乃文字的渊源，毕竟其卦象表示名称的作用有限，而后世人多事繁，需要更多的文字功能。经过神农氏的发展和完善，到黄帝时期，仓颉集其大成，而最终造字成功，是以称"仓颉造字"。

> 黄帝之史仓颉，见鸟兽蹄远之迹，知分理之可相别义也，初造书契。（《说文序》）

仓颉是黄帝的史官，根据动物足迹的不同，而悟得不同形状可以表示不同的意思，所以就创造了可以分理别义的文字。

---

❶　黄绍箕,柳诒徵. 中国教育史[M]. 福州:福建教育出版社,2011:21.

> 仓颉之初作书，盖依类象形，故谓之文；其后形声相益，即谓之字。（《说文序》）

伏羲作卦象是依类象形，仓颉作书，也是依类象形。其一脉相承之思想体系清晰可见。而仓颉造字的出发点在"别义"，为了表示更多的意义，所以发展出形声造字法，以便生成更多的文字。这是对伏羲卦象表义的发展，也是人广事繁的需要，更是黄帝国家文教统一的必然。

我国古代造字有"六书"之法，即象形、指事、会意、形声、转注、假借。不难推知，仓颉造字已有其四，即象形、指事、会意、形声。造字法是文字规范的统一的产生方式，文字又是文化的根基，可见黄帝之时文字统一已成趋向，而文化教育的统一也势在必行。

文字的规范化，促进了文化传播与教学活动，也进一步促进了文化传播机构——学校的专门化。神农时期的明堂是多元化的政教场所。黄帝时期，文字的规范化，需要统一的教学秩序和要求，势必推进学校教育的专一化。

根据上文所述，黄帝时期已初具国家规制。仓颉造字是对以前文字的发展，并加以规范化。黄帝统一万国，推进了文字的统一，而文字的统一又进一步促进了国家文明秩序的统一。黄帝文教之功首在文字，并因此教化万邦，德化天下，并传之久远。对此，柳诒徵曰：

> 黄帝之时，疆域辽阔，九州万国罔不率服，至于亡而犹用其教，非有文字记久明远，安能若是之盛乎？❶

---

❶ 黄绍箕,柳诒徵. 中国教育史[M]. 福州:福建教育出版社,2011:21.

黄帝时期，华夏始建，九州一统，疆域辽阔。而黄帝的文教，于空间上能延伸至万国九州，于时间上能持续三百年之久。若没有文字，这种传播效果是无法想象的。因此，可以说，仓颉造字是黄帝文、教、礼、乐一统的象征。

《黄帝内经》：性命"自养"之学完成初建

神农氏尝百草，辨明五谷草药之理。中药学生命"自养"之学遂于神农氏初建。然而，中药学的主旨尚在去人疾病之上，是治疗已经产生的疾病的学问，也就是所谓的"治已病"。五谷的养生作用，神农氏也亦肇端，但尚未完善。黄帝则在神农氏养生思想的基础上，把医学提升了一个层次，即由侧重"治已病"转变为提倡"治未病"，从而全面升华了中华医学的内涵，完成了性命"自养"之学的初建。

> 圣人不治已病，治未病，不治已乱，治未乱，此之谓也。夫病已成而后药之，乱已成而后治之，譬犹渴而穿井，斗而铸锥，不亦晚乎？（《黄帝内经·四气调神大论》）

上文意思是说，治疗疾病当在疾病未形成的时候就要行动。以现代语言讲，就是以预防为主。如果等到疾病已经形成，才开始去治疗，破坏已经发生，治疗就显得太晚了。此文来自《黄帝内经》，此书虽或经后世人编撰而成，但并不能否定其思想源自黄帝。盖其思想渊源当来自黄帝之时，而后千年积累演变，遂臻中医学大成境界。至今，《黄帝内经》也是中医学的大乘宝典。

"治未病"的思想是一种养生思想，是一种性命"自养"的科学，而不是简单的疾病治疗的技术和手段。医疗技术往往只在疾病发生时起作用，而性命自养则贯穿于整个生命周期中。因此，性命自养注重在日常生活中的养生原则，古人有所谓"六禁之旨"。

> 天无私覆也，地无私载也，日月无其私烛也，四时无私行也。行其德而万物得遂长焉。黄帝言曰："声禁重，色禁重，衣禁重，香禁重，味禁重，室禁重。"（《吕氏春秋·去私》）

天地无私是因为自有秩序，而行其本分，日月、四时也遵行自然法则而毫无自私过分之意。这里的"私"是指本分之外另有所求，是过分的意思。人生于天地之间，也应遵行自然法则，安守本分，不能在本分之外另求过分。这是天地、日月、四时运行的秩序大道，也是养生的根本原则。可见，古代天地人大一统的文明秩序无处不见。

这是一种养生之道，也是一种生活"自养"之道。此理由黄帝发明，而教给世间大众。众人得而闻之，起而行之，自可得养生长寿的效果。

> 岐伯对曰：上古之人，其知道者，法于阴阳，和于术数，饮食有节，起居有常，不妄作劳，故能形与神俱，而尽终其天年，度百岁而去。……夫上古圣人之教下也，……心安而不惧，形劳而不倦，气从以顺，各从所欲，皆得所愿。（《黄帝内经·上古天真论》）

上古之人明白养生的道理，顺应阴阳变化法则，不于本分之外更求过分，所以能颐养天年，百岁而终。这些道理都是圣人所传授，而下民接受之，皆能以自养得其所愿。

黄帝的医学以养生全性为主旨，侧重于培养生活的健康习惯，使疾病无从发生。这与"治已病"的医疗技术有本质差别。黄帝建立的是关于性命的学问，是性命科学。性命科学的普及，强调的是"自养"。若明其理，人人皆可自养，得其所愿。柳诒徵先生也认为："卫生必致意于衣食居处，此黄帝以来相传之通义。"❶ 如同钱穆所说，中国的专业教育必有现实人生的意义。黄帝性命科学的现实人生意义在于"养生全性"，此意义贯穿于整个生命之中。而西方医学则于身体康复之外，无现实人生意义附着其上。不与人生意义结合，就是他求。与人生意义结合，就是"自养"。所以，黄帝性命科学的创建，实乃"教民以自养"。

明民共财：民间道德自觉之端绪

经伏羲、神农的发展，到黄帝时期，社会更加繁荣，各种物质发明也相应地繁荣起来，人民的生活也随之便利且富足。

> （黄帝）是奠定中国文明的第一座基石。在他之前，人类虽然已经开始前进，对事物已经有很多的发明，但是到了他，似乎有一个时期的急骤发展。❷

伏羲与神农时期虽然也有许多发明制作，但到了黄帝时期，人类的发明制作一下子丰盈起来。举凡与人类生活相关的发明制作，黄帝时期皆已肇兴，如天文历法、车马宫室、文字书契、衣服饮食及弓箭、指南车之类。

这些发明制作势必要作为生活知识而对大众进行教育、传播与普及。要进行这些生活知识的传播与普及，首先就需要对这些发明制作进行"正名"。

> 黄帝正名百物，以明民共财。（《礼记·祭法》）

---

❶ 黄绍箕，柳诒徵. 中国教育史[M]. 福州：福建教育出版社，2011：21.
❷ 钱穆. 黄帝[M]. 北京：生活·读书·新知三联书店，2012：7.

正名百物是对生活事物及其知识的标准化和统一化工作，有利于文化知识的传播和教育推广。同时，这也是黄帝时期国家统一文明秩序建立的标志。正名百物也能进一步推动国家统一文明秩序的稳固与发展。正名百物，其基础性工作便是文字之制作与统一。

百物兴盛，人民财富激增。财多必争，故需要一个社会秩序来规范、约束。这就是"共财"之教，意思是指社会种群能在财富诱惑下和平共处。黄帝教人民作宫室、制衣服、运舟车，其出发点在于节俭，使人民在满足便利的需要下，能最大限度地节用财物。

> 圣王作为宫室，便于生，不以为观乐也；作为衣服带履，便于身，不以为辟怪也。故节于身，诲于民，是以天下之民可得而治，财用可得而足。（《墨子·辞过》）

财用在于便于生，便于身而已。黄帝以此节俭之旨，教诲人们。人们得其教而行之，则财用自会充足，天下也自会大治。

共财之教，在于教民以治宫室、车马、衣服、饮食之法，是一种生活知识的普及教育。而在知识的普及中，又教诲以节用之旨。

然而，民何以能行"节用"之旨？其在于使民众明白其中的利害关系，使民众不得不行之。这便是"明民"，使民众明白"共财节用"的大道，而能躬而行之。

> 故教人之道，莫要于明其利害。利害诚明，则田者自知侵畔之害，渔者自知争隈之失，行道者自知拾遗之丑，居市者自知豫贾之非；……吾国古代教民，无不由明民之义。❶

---

❶ 黄绍箕，柳诒徵. 中国教育史[M]. 福州：福建教育出版社，2011：21.

伏羲、神农之后，社会日趋富裕，产业也日趋发达，民智也日趋开化。智巧加上多财，社会难免多生争斗。为解决这一社会问题，构建和谐社会秩序，黄帝教民首在让其明白利害得失。黄帝上明法令以立威，下明利害以劝善，使民能自己衡量利害得失，公德由此树立，而社会秩序因而和谐。

> 昔者黄帝治天下，而力牧、太山稽辅之，以治日月之行律，治阴阳之气；节四时之度，正律历之数；别男女，异雌雄，明上下，等贵贱；使强不掩弱，众不暴寡；人民保命而不夭，岁时熟而不凶；百官正而无私，上下调而无尤；法令明而不暗，辅佐公而不阿；田者不侵畔，渔者不争隈；道不拾遗，市不豫贾；城郭不关，邑无盗贼；鄙旅之人，相让以财。（《淮南子·览冥训》）

黄帝"明民共财"之教，上下皆得其所，以至实现"道不拾遗，夜不闭户"的"大同世界"。黄帝之教是使民众自见道理，躬行正义，而不是严令苛法以威吓之，或利益欲望以诱惑之。

黄帝的教育是民智开化的教育，而非愚民的教育。人人得黄帝的教诲，而愚夫愚妇亦乃能明其社会生活道德之大本。"明民共财"之教深入民间，而民间道德秩序自会逐渐形成。民间道德秩序一旦形成，则其生活秩序不必有待于圣王之法令，民能自治其中。明道以自治，自治而自养。黄帝教民以自养之道，贯穿始终。黄帝"明民共财"之教，使民间道德自觉意识第一次在华夏大地上确立。这种意识一旦确立，便具有旺盛而持久的生命力，从不因朝代更迭而中断。中华文明五千年以上的连绵不断，正是源于这种早熟的民间道德自觉意识。故柳诒徵先生论定"明民共财，乃黄帝之至德"❶。

---

❶　黄绍箕,柳诒徵. 中国教育史[M]. 福州:福建教育出版社,2011:18.

从伏羲、神农至黄帝，其间文明多有不同，但其圣王之心以百姓为心，则是一脉相承的。其间的发明制作，来源于文明的需求，而圣王能先知先觉。圣王发明制作之后，便以其间道理教化民众。其教化之心，非愚民以为自己统治所用，乃教诲民众大道，使民众能依此大道而自养之。人类的文明需求根源于民间的需求。而经伏羲、神农至黄帝，这种需求被圣王先知后，又重新返回到民间。民间道德秩序得以建立，民间道理自觉意识得以固化和升华。这种民间道德自觉是华夏文明的根基。从此，华夏文明便走向了无比光明的大道通途。而其教民以自养的精神，既开启了古典礼乐传播制度的端绪，又为后世之礼乐传播制度的建立奠定了基础，指明了方向。

第三章　尧舜时代：
古典礼乐传播制度肇兴

　　《史记》虽自黄帝始，但黄帝的事迹久远难明。以至于司马迁于《史记·五帝本纪》中云："百家言黄帝，其文不雅驯，荐绅先生难言之。"《太史公自序》中曰："述陶唐以来，至于麟止。"《史记·五帝本纪》主要记述的内容在陶唐。故崔适在《史记探源》一书中指出："《史记·五帝本纪》本当为《陶唐本纪》，是《史记》亦始于唐、虞也。"

　　廖凤林以为"唐虞以降为信史"❶。司马迁为写《史记》，遍访名山大川、历史文物、帝王遗迹，探访古村耆老，追溯先民传说，但《史记》的第一手资料乃《尚书》无疑。

　　金景芳先生认为："《尚书》独载尧以来，是中国有史以来的第一部信史。"❷《尚书》本是上古历史汇编之书，由历代史官所实录。孔子删书，断自唐虞。

　　《尚书序》：先君孔子，生于周末，睹史籍之烦文，惧览之者

---

❶　廖凤林. 中国通史要略[M]. 北京：东方出版社，2008：13.

❷　金景芳，吕绍纲.《尚书·虞夏书》新解[M]. 沈阳：辽宁古籍出版社，1996：序.

不一……讨论坟、典，断自唐虞以下，讫于周。芟夷烦乱，剪截浮辞，举其宏纲，撮其机要，足以垂世立教，典、谟、训、诰、誓、命之文凡百篇。（孔安国《尚书序》）

在孔子之前，历代史官记载史实，天长日久，内容繁多。孔子认为，唐虞以前的记录烦乱，又渺不可考，而唐虞之后的历史记录详备，故把唐虞之前的记录弃之不用，而断《尚书》以唐虞之世开始。孔子删书，断自唐虞。以孔子治史的态度及其品格，在当时，孔子应确认《尚书》中唐虞事迹记录足够可信。柳诒徵先生则认为："孔子删书，断自唐虞。盖自洪水既平，历史始渐详备可考。"❶ 是故，唐虞之世当为中国信史记载的开端。

英国伟大的历史学家科林伍德认为，一切历史都是思想史。唐虞之世作为信史的开端从文化思想角度也得以成立。柳诒徵在其所著的《中国文化史》中指出：

吾国文化之根本，实固定于是时（即唐虞之时）；国家种族之名，胥自是而始见。虽其缘起不可知，然名义所函，具有精理。后世之国民性及哲学家之主张，罔不本焉。❷

科林伍德说："历史学家必须在他自己的心灵重演过去。"❸ 一切历史需要从人类心灵得以重建，才具有真实性。中国文化后世演进无不本于尧舜时代。司马迁在《史记·五帝本纪》中说："天下明德皆自虞帝始。"尧舜时代固然真实存在，历代中国人皆前赴后继以此在心灵之上重建自己的历史。

---

❶ 柳诒徵. 中国文化史[M]. 长沙：岳麓书社，2012：47.

❷ 同❶.

❸ 科林伍德. 历史的观念[M]. 北京：北京大学出版社，2010：282.

因此，唐虞时代是中国文化之根本。此根本是精神之根本、文化之根本，无关乎考证与文物。尧舜时代就是后代中国人的历史信仰，如西方人信奉耶稣基督，阿拉伯人信奉先知穆罕默德。其所不同只在于一个是非宗教，一个是宗教而已。

孟子生于孔子删书之后、秦焚书之前，应能见得《尚书》的全部。司马迁受《尚书》于孔安国，孔安国受于秦博士伏生，伏生所传二十八篇亦应为真。后孔安国自孔子旧宅得古文《尚书》五十八篇，亦应为真。孔安国传授于司马迁，司马迁所见《尚书》应皆为真。故《史记》《孟子》所载唐虞之事应为实事，无可怀疑。《五帝本纪》多采自《尚书》，其中唐虞之事亦确信无疑。

《尚书》记载尧舜以来的真实历史，于史料上当无可怀疑，于精神上更无可怀疑。因为《尚书》自产生以来，便一直塑造着中华文明的精神历史。是故尧舜时代的礼乐传播制度可于《尚书》等典籍中追寻，而尧舜以后的礼乐传播制度更可从中探索。

第一节　钦思文明，光被四表：
帝尧之礼乐传播制度

《尧典》为《尚书》的第一篇，帝尧是《尚书》记载的第一个古代圣王。《尧典》是继《三坟》后的经典，是《五典》之一。

> 少昊、颛顼、高辛、唐、虞之书，谓之五典，言常道也。（孔
> 安国《尚书序》）

《尚书正义》曰："以'典'者，常也，言五帝之道，可以百代常行，故曰'言常道也'。"《尧典》所记载则是帝尧之道德可为百代常行的准则，而

帝尧之道也是继承上古诸多圣王之道而行之。这些圣王包括伏羲、神农、黄帝、少昊、颛顼、高辛等。

> 曰若稽古，帝尧，曰放勋，钦明文思安安，允恭克让，光被四表，格于上下。(《尚书·尧典》)

"曰若稽古，帝尧"，是说帝尧能顺考古代诸圣王之道而遵行之。放勋则表示"尧放上世之功"(《尚书正义》)，意思也是顺考古道而行之。故而帝尧称为放勋。以上皆可见中华文明演进的迹象，即自伏羲以来的文明体系一脉相承，次序井然，而毫无紊乱。

帝尧能化古圣王之道，为钦、思、文、明、安、恭、让之七字诀，并以之教化天下。帝尧构建"差序结构"的文明传播秩序，制定历法以"敬授人时"，明扬侧陋与禅让以开启政治之"德教"。以至于其盛德美名充盈于天地之间，道德教化播撒于四方之外。四方之民皆受帝尧之教，各得其养，而美颂帝尧之德。故司马迁叹美帝尧之盛德曰：

> 帝尧者，放勋。其仁如天，其知如神。就之如日，望之如云。(《史记·五帝本纪》)

帝尧能以古道而行，而有功于天下。其仁德如天之涵养，其智力如神之微妙。其教化所至，如天日之照临，民众皆归附依就。又如惠云普覆，民皆以仰望而得滋养。帝尧能教能养，此当为其礼乐传播制度之至评。

钦、思、文、明、安、恭、让：帝尧礼乐传播之"七字诀"

《尚书·尧典》开宗明义，一开端便把帝尧的礼乐传播思想完整而精当地表达了出来。

　　曰若稽古，帝尧，曰放勋，钦明文思安安，光被四表，允恭
克让，格于上下。（《尚书·尧典》）

　　帝尧的礼乐传播思想可概括为这七个字，即钦、明、文、思、安、恭、
让。这便是帝尧礼乐传播思想之"七字诀"。

　　钦、明、文、思是帝尧的四种品德，马融之解释为："威仪表备谓之钦，
照临四方谓之明，经纬天地谓之文，道德纯备谓之思。"而郑玄之解释为：
"敬事节用谓之钦，照临四方谓之明，经纬天地谓之文，虑深通敏谓之思。"
两位经学大师解释差异不大，唯郑康成之说更为实在。

　　"安安"的意思是安于所安。据《尚书正义》云："安天下之当安者。"
天下万物，都应安于所安。天地、山川、神灵往往有其自然秩序，自己能
安在其位。唯人之秩序需要梳理，帝尧之"安安"，所安者九族、百姓、万
邦、天下，即建立与自然和谐的社会人伦秩序以安天下百姓。此社会人伦秩
序五常之教，即礼义。荀子说："礼者，养也。"此社会人伦秩序能安天下百
姓，便是能养天下百姓。

　　帝尧以其钦、明、文、思"四德"，以安天下百姓。然"四德"仅限于
帝尧自身，要安天下百姓，必须能以行动而构建所谓的社会人伦秩序。品
德化为行动，行动推进教化，教化覆盖百姓，百姓信而遵行，社会人伦秩
序才最终得以确立。然而如何行动呢？

　　"允恭克让"是帝尧教化实施之行动。郑玄云："不懈于位曰恭，推贤向
善曰让。"帝尧在其位毫不懈怠，于政事教化能勤勉恭敬，于人事能推举贤
能一意扬善，故其政教始能推行于天下。

　　帝尧之"七字诀"是一个整体，其中次序井然，因果分明。《大学》
云：知所先后，则近道矣。此之谓也。

圣人之知,智足以周物而非不虑也,圣人之能,才足以从矩而非不学也。是故帝尧之德至矣,而非"钦"则亡以"明"也,非"明"则亡以"文思安安"而"允恭克让"也。呜呼,此则学之大原,而为君子儒者所以致其道矣。(王夫之《尚书引义·尧典一》)

可见,帝尧的"七字诀",是一种前后递进之关系,其发端在于"钦"。钦者,敬也。要探求宇宙、自然、社会、人事的道理,必须首先发于内心的诚敬。《中庸》曰:"自诚明,谓之性;自明诚,谓之教。"帝尧以天纵圣人,而由实践自然开悟,以体察天地之至诚而明达万事万物。这是圣王之天性,故曰:"自诚明,谓之性。"故王船山论道:

帝尧以上圣之聪明,而日取百物之情理,如奉严师,如事天祖,以文其文,思其思,恭其恭,让其让,成盛德,建大业焉。(王夫之《尚书引义·尧典一》)

帝尧能"自诚明",以成盛德,以建大业。然民众往往后知后觉,必待礼乐教化引导而后能明达事理。礼乐教化及其传播便是先觉觉后觉的实现方式,而民众得圣王之教化,明达物理后,能反乎其心之诚敬。故曰:"自明诚,谓之教。"民众自明而诚,必待于圣王之教化而后可。

故其圣也,如天之无不覆帱,而"俊德""九族""百姓""黎民""草木鸟兽",咸受感化焉。圣人之学,圣人之虑,归于一"钦",而"钦"之为实,备万物于一己而已矣。(王夫之《尚书引义·尧典一》)

帝尧的"七字诀"其根本在于"钦"，在于诚敬。以"七字诀"为基础而构建的文明秩序，把俊德之士、九族之亲、百姓黎民，乃至草木鸟兽皆纳入此秩序之中，这一文明秩序虽旨在约束社会人伦关系，但也追求与宇宙自然、万事万物之间的和谐共处。在此秩序之下，因帝尧教化之德，传递并播撒文明，人类与万物皆得滋养。因此，文明秩序可称得上是天、地、人大一统的文明传播秩序。

如上王船山所言，帝尧"七字诀"是学问的本源，更是"君子儒"进学修德的必然路径。非但"君子儒"进德修身应是如此，而民众人人在帝尧之文明传播秩序下皆能如此。帝尧以此"七字诀"教民以明。也就是说，帝尧教化民众，使民众能摆脱蒙昧，明达自然大道及社会伦理秩序，启发民众之智力于蒙昧之中，民众皆可自明而诚。民众皆能"明诚"，文明秩序自然确立下来。文明秩序一旦确立，圣王自然便可"垂拱而治"，而民众也不必待于圣王的诏令而后行，能自养其中。帝尧之大治天下，其精髓便在于此。民在此文明秩序，得教化而不觉，自生自养于其中。正如《击壤歌》中所云："日出而作，日落而息，耕田而食，掘井而饮，帝力于我何有哉。"

帝尧之大治天下，民众"一天到晚很自然地生活着，并不知道帝尧的力量在哪里，其实尧防范于事先，成功于无形，这正是他的伟大处"❶。这其实就是帝尧教化民众，最终使民众皆得"自养"其身。这是帝尧"七字诀"礼乐传播之终极目的，即教民以"自养"。当然，其"自养"是和谐的天、地、人大一统秩序框架下的"自养"，而非野蛮状态下的"自养"。

---

❶ 钱穆. 黄帝[M]. 北京：生活·读书·新知三联书店，2012：48.

帝尧以钦、明、文、思的"四德"教化天下,是帝尧之教也。帝尧以"恭""让"之行动推动教化、构建文明传播秩序,亦是帝尧之教也。由此可见,帝尧之教化做到所谓"知行合一,表里如一"。而"安",即安天下百姓是其目的。"德唯善政,政在养民"(《尚书·舜典》),一切德政教化其目的皆在安定天下百姓,在于"养民",更在于教民以"自养"。养民以礼,圣王教化必构建一种文明秩序,即礼义制度,民可得而"自养"其中也。后文中,帝尧以"克明俊德"为起点,构建了所谓"差序结构"的伦理礼乐传播秩序,其意正在"养民"。

帝尧之七字诀是古典礼乐传播思想的精华。其中有教,教而能养,以其仁德教化天下,以其文明秩序为政养民,是教化而民得自养,乃礼乐传播之道也。

爱自亲近始:"差序结构"的伦理礼乐传播秩序构建

帝尧以其钦、明、文、思之"四德",而"安天下之当安者"。天下之应"安"者实多,万事万物皆应"安于所安"。但人唯"万物之灵",在摆脱蒙昧之后,亟待建立文明秩序,使人人各得其所,人人各得其位,人人能"安于所安"。

> (帝尧)克明俊德,以亲九族。九族既睦,平章百姓。百姓昭明,协和万邦。黎民于变时雍。(《尚书·尧典》)

"克明俊德,以亲九族",按照孔颖达《尚书正义》解释:"言尧之为君也,能尊明俊德之士,使之助己施化。以此贤臣之化,先令亲其九族之亲。"而《大学》曰"克明峻德",言帝尧能自明其德,而又亲睦其九族之亲;司马迁《史记》则以"俊"通"驯",言帝尧能自明其德,以训九族。

孔颖达说帝尧能明扬贤能帮助自己施行教化，而《大学》《史记》则认为，帝尧自明其德，以训教其九族而使之亲睦。此二说并没有太大差别，帝尧即便是自明其德，其教化也须得贤能之士辅助才能推行。而根据后文，则《大学》《史记》之说为当。因为如果帝尧明扬之贤能之士，在其九族之内，则自是帝尧先亲睦其九族。如果此贤能之士在九族之外，此贤能之士即在百姓之列。如此，则与后文"九族既睦，平章百姓"之次序不合。帝尧明扬贤能并令其亲睦其九族，若此贤能不在帝尧九族之内，则应是"平章百姓"的内容，而"平章百姓"当在"九族既睦"之后。因此，应该是帝尧自明其德，亲其九族之后，以此模式再向外扩张而推广之，使百姓皆能受帝尧之教化，而各亲其亲，是为平章百姓。故而，《大学》与《史记》之说为当。

帝尧自明其德，而亲睦其九族。以此为基点，帝尧构建了一个伦理礼乐文明传播秩序。这个秩序可以如此进行描述：帝尧自明伦理道德，并以此美德影响自己的九族（依郑玄说，从高祖至玄孙，共九代人）。帝尧之九族依此伦理亲睦之后，又向外播撒，影响到百姓之家，百姓之家依此伦理而皆能昭然明通礼仪。百姓之家明通礼仪之后，此伦理又可以向外播撒而推广，天下万国皆能以此伦理礼仪而合会调和。于是，天下黎民皆能依此帝尧之明德，风俗为之一变。而明通礼仪，伦理秩序大成，是以天下风俗大和。

此秩序以帝尧为中心，帝尧之仁德不断一层一层地向外延伸，从自己到九族、到百姓、到万邦、到天下黎民。这是一种从圆心向外发散的文明传播方式。

这样的政治秩序及其建构方式，与费孝通在《乡土中国》一书里所讲的"差序结构"一词，庶几近之。这仿佛一块石头丢进水里，激起一圈又一圈不断往外推的波澜；尧就相当于那个不断扩散的同心圆的圆心，甚至就是激起波澜的石头。波澜所及之处，都是教化所及之处。由于尧的美德的无限丰厚，因此，他激起的波澜将无远弗届，所有的人都会直接或间接地受到尧的教化而趋于和睦。❶

这一秩序的构建是采取"推己及人"的方式。孔子曰：其身正，不令而行，就是这个道理。帝尧居于帝位之上，其仁德处在众目睽睽之中，如天上太阳，人皆能仰望而见之。民众得见帝尧能爱自己的亲人，则民众也会爱自己的亲人。民众得见帝尧能亲睦九族，则民众也会亲睦自己的九族。这既是民众从上而化，又可称作"爱自亲近始"。

《中庸》曰："天命之谓性，率性之谓道，修道之谓教。"自然赋予给人的品德叫做人性，而遵循人性去行事叫做大道，而修养大道之方式叫做教化。每个人爱自己的父母是其本性，以爱其父母为初始而爱其他人叫顺道而行。而帝尧率民从爱自己的父母开始构建伦理制度，就是帝尧的教化。可见，圣王之教民，必本于万物之性，而不必另有发明。"爱自亲近始"，就是遵循人之本性，以此为起点，向外发散传播推广。帝尧正是如此施行教化，由近及远，而天下万邦和合。钱穆先生也认为：

> 他（帝尧）希望为人民服务，而不是受人供奉。这些品德不但独善其身，主要的是他能发挥出来，见诸政治的实施。他施政自内而外，自近及远。顺着天然的次序，先亲睦本族，再使群臣

---

❶ 喻中. 风与草——喻中读《尚书》[M]. 北京:北京大学出版社,2011:3—4.

的家族各得其所。他把这一个单位治理得像样了，再使"万国"和合无间，与文化比较落后的黎族也相安无事。❶

正如辜鸿铭先生所言，"能够让中国的大众百姓遵守道德行为准则的真正动力是'对他们父母的爱'"❷。帝尧深明此理，自己先亲睦本族之人，并依照天然的次序，把这种爱推广扩大，建构了一种天然的伦理秩序。这种秩序正是基于"对他们父母的爱"，所以大众百姓才真正能遵行这一伦理秩序。

圣王之教发于本心，此本心与天地自然，与大众百姓之心是内在一致的。故老子云："圣人常无心，以百姓之心为心。"帝尧以百姓之心为其心，故而其教能深得民众之心，民众但觉自然，而毫无滞碍之处。甚至，民众都觉不出帝尧的发明与存在，此所谓"不识不知，顺帝之则"是也。它的意思是说，民众不必待于圣王之威严与诏令，而自然跟随帝尧所建立之伦理秩序而前行。故孔子对帝尧之教大加叹美。

> 子曰：大哉！尧之为君也。巍巍乎！唯天为大，唯尧则之。荡荡乎！民无能名焉。巍巍乎其有成功也，焕乎其有文章。（《论语•泰伯》）

对此，钱穆评论说：

> 尧可以和天比拟，四时运行，不言不语，一点也看不出他在哪里用力，而万物繁殖。他的宽大宏阔，人类也没法衡量。……民众们下一步的需求，预先把各方面布置好，到需要的时候自然

---

❶　钱穆. 黄帝[M]. 北京：生活•读书•新知三联书店，2012：46.
❷　辜鸿铭. 中国人的精神[M]. 上海：上海三联书店，2010：43.

而然地走上轨道，主持者不觉得费力和迫切，民众不觉得有什么要求和不满，一切平稳地发展着，就是这种境界。后人算起总账来，就觉得他的伟大了。❶

帝尧之伟大以至"民无能名焉"，似乎帝尧没有一件大事可以让民众去赞叹评说，更似乎帝尧根本不存在一样。但帝尧以自己之"俊德"所构建的礼乐传播伦理秩序确实存在，此秩序之构建不在于帝尧要维护自己的统治地位，也不在于他要彪炳自己的历史功绩，而恰恰在于要使民众在此伦理秩序之中自治自养。此亦帝尧教民以"自养"的明证。

敬授民时：天地人大一统的"养民"制度

自伏羲仰观天象、制作八卦开始，中国古人对天文的观察与研究就从未间断，并取得了许多重要的发现与成果。中华文明往往以伏羲作八卦开始，而且往往以《易》作为中华智慧的源头，可见天文对文明产生的作用，古人已达成一定程度的共识。著名考古天文学家冯时则进一步认为，天文是文明诞生的渊薮。冯时认为：

> 文化源于先人们如何对于他们与天的关系的理解，或者更明确地说，人类观测天文的活动及他们依据自己的理念建立起的天与地或天与人的关系，实际便是文化诞生的基石。因此，原始人类的天文活动及原始的天文学不仅是文化诞生的渊薮，而且也是文明诞生的渊薮，这一点已为我们愈来愈清楚地认识和体味。❷

---

❶ 钱穆. 黄帝[M]. 北京：生活·读书·新知三联书店，2012：48.
❷ 冯时. 中国古代的天文和人文（修订版）[M]. 北京：中国社会科学出版社，2006：序言.

中国先人自伏羲以来，对人与天之间的关系就准确地定义在天、地、人大一统的文明秩序之上。伏羲作八卦，是参照天地万物与自身的综合创造。神农、黄帝则延续了这一文明秩序，并进一步发扬光大。因此说，中华文明是天、地、人大一统的文明秩序。

经神农"教稼穑"，农业肇兴。至帝尧时代，农业文明逐渐兴盛起来。相对于伏羲的渔猎时代，农业时代更需要发达的天文观测，因为"农耕文明的发达当然需要观象授时"❶。

农业的兴盛又进一步促进了天、地、人大一统的文明秩序在中华大地上得以完整而彻底地确立。这一秩序由于以天地自然法则为根基，故而在哲学意义上保证了这个文明的稳定繁荣与持久兴旺。被尊为"欧洲的孔夫子"的法国著名经济学家魁奈，在 1767 年发表的专论《中华帝国的专制制度》中曾深刻而敏锐地指出：

> 如果没有农业，各种社会团体只能组成不完善的民族。只有从事农业的民族，才能在一个综合的稳定的政府统治下，建立起稳固和持久的国家，直接服从于自然法则的不变秩序。❷

魁奈此论虽然颠倒了因果关系，但所论切中中华文明之要害。事实上，中华文明天地人大一统的文明秩序正是因为直接服从于自然法则的不变秩序，其国家才得以"可大可久"。而帝尧命令羲和观测天象，正是遵循这种自然秩序的要求和结果。

帝尧之时代，其"社会的经济基础是农耕，君主主要的行政是指导和

---

❶　冯时. 中国古代的天文和人文(修订版)[M]. 北京：中国社会科学出版社，2006：序言.

❷　佛朗瓦斯·魁奈. 中华帝国的专制制度[M]. 谈敏泽，译. 北京：商务印书馆，1992.

改进农耕"❶。于是，帝尧就命令主掌天文历法的官员羲和观测天象，制定历法，引导农业的耕作种植。

> 乃命羲和，钦若昊天，历象日月星辰，敬授人时。分命羲仲，宅嵎夷，曰旸谷。寅宾出日，平秩东作。日中，星鸟，以殷仲春。厥民析，鸟兽孳尾。申命羲叔，宅南极，曰交阯。寅敬致日，平秩南为。日永，星火，以正仲夏。厥民因，鸟兽希革。分命和仲，宅西土，曰昧谷。寅饯纳日，平秩西成。宵中，星虚，以殷仲秋。厥民夷，鸟兽毛毨。申命和叔，宅朔方，曰幽都。寅在易日，平秩朔伏。日短，星昴，以正仲冬。厥民隩，鸟兽鹬毛。帝曰："咨！汝羲暨和。期三百有五旬有六日，以闰月定四时，成岁。允厘百工，庶绩咸熙。"（《尚书·尧典》）

羲、和是重黎的后人，世代主掌天地四时的官员。郑玄以为帝尧之时有天、地、春、夏、秋、冬六官。而羲仲、羲叔、和仲、和叔分别为春、夏、秋、冬四官。以此推测，羲伯、和伯或为天、地之官。行文至此，不免感叹：帝尧天、地、人大一统的文明秩序是何等自然美观！帝尧命令此四官分别常驻东、南、西、北四方，观测天象，制定历法，测定四时，以指导农民各个季节如何安排农事，以及种植何种作物。对于春、夏、秋、冬的耕作安排，伏生《尚书大传》所说甚明。

> 主春者，张昏中，可以种稷。主夏者，火昏中，可以种黍。主秋者，虚昏中，可以种麦。主冬者，昴昏中，可以收敛。皆云上告天子，下赋臣人。天子南面，而视四方星之中，知人缓急，故曰"敬授人时"。（伏生《尚书大传》）

---

❶ 钱穆. 黄帝[M]. 北京:生活·读书·新知三联书店,2012:46.

羲、和观天测象，以二十八星宿在中天的位置来确定农事开展之时间节点。而由于羲、和四官"分处四方观测，相互印证，平均的结果比较准确"❶。羲、和四官把测定的结果上奏天子，天子坐镇中央，按照天文观测之结果，颁布诏令，以告诉民众农时已到，这就叫"敬授人时"。

羲、和四官观测天象，能准确地推定四时。帝尧就进一步要求羲、和四官制定历法。历法是把四时之规律统一起来，完整而详细地标明一年四季的各个节气。历法就是把羲、和观测天象之成果固定下来。"历法告成，农民有所依据，一切事情有所系属。"❷农人一旦获知历法，便不必等待政令的颁布，而能自行确定农事的时间。

帝尧时代，通过天文观测而制定历法，一切皆以农事为旨归。天文知识不为探索而探索，天文观测必须结合人事而生发而应用。正如钱穆所说，一切的知识或技术，必须和现实人生意义结合起来，才能真正做到天、地、人"三才"的同步发展。帝尧观测天文，制定历法，"敬授人时"，构建了天、地、人大一统的"养民"制度。帝尧先教民认识农时，而后制定历法使农人"有所依据，一切事情有所系属"。农人在此天、地、人大一统的历法体系下，一切皆得"自养"，而不必待于圣王之诏令，是帝尧教民历法以养民。

明扬侧陋与禅让：政治之"德教"

《尚书·尧典》开头便写道："帝尧允恭克让。"由此可见，帝尧谦让是帝尧的美德。帝尧还把这种谦让的美德，形成一种社会教化与文明

❶　钱穆. 黄帝[M]. 北京:生活·读书·新知三联书店,2012:46.

❷　同❶:47.

传播秩序，让这种谦让之美德广布于天下四方。因帝尧之谦让，所以帝尧才能"光被四表，格于上下"。帝尧的谦让美德不仅限于本身，而且传布四方。以帝尧的能力，化为当时的一种社会风气，而广泛存在于群臣与黎民之中。特别是"君臣交让"之风，在尧舜时代广为时行。试举几例，见得分明。

> 帝曰："咨！四岳。朕在位七十载，汝能庸命，巽朕位？"岳曰："否德忝帝位。"（《尚书·尧典》）

> 帝曰："畴若予上下草木鸟兽？"佥曰："益哉！"帝曰："俞，咨！益，汝作朕虞。"益拜稽首，让于朱虎、熊罴。（《尚书·舜典》）

> 帝曰："咨！四岳，有能典朕三礼？"佥曰："伯夷！"帝曰："俞，咨！伯，汝作秩宗。夙夜惟寅，直哉惟清。"伯拜稽首，让于夔、龙。（《尚书·舜典》）

从《尚书》行文中可见，谦让的美德存乎君臣之间。所谓上有所好，下必从之。民间谦让的状况也大致可以推知，是故柳诒徵深刻地论证道："吾国圣哲之教，以迨后世相承之格言，恒以让为美德。"❶

尧舜谦让之美德，既是尧舜的自性体现，也是对黄帝以来政教传统的继承。对于帝尧禅让帝位于大舜，王夫之认为："尧不传之，亦修轩辕之法尔。"❷自黄帝以来，甚至远自伏羲，中华文明的核心就已经确立了下来。这个核心就是人类一切秩序必建立在道德之下。人世间首要的评判标准在于道德的高下，相对于道德，其他一切事物都要屈居次席。当然，帝位也

---

❶ 柳诒徵. 中国文化史（上）[M]. 长沙：岳麓书社，2010：67.

❷ 王夫之. 尚书引义·尧典二[M]. 北京：中华书局，2010.

不例外。在五帝时期，帝位皆非世袭，而是以德确定的。故王夫之曰："五帝官天下。官天下者，五帝之通典，岂尧、舜之仅德哉！"

以今人眼界，帝位的禅让很难找到一个适当的理由。而自伏羲、黄帝以来，中国人伟大的道德理性则是"禅让"的谜底和正确答案。但此"伟大的道德理性"不是凭空得来的，而恰恰是由中国悠远的文明实践感悟而升华出来的。对此，柳诒徵先生在《中国文化史》一书中深刻地论述道：

> 吾民初非不知竞争，第开化既早，经验较多，积千万年之竞争，熟睹惨杀纷乱之祸之无已，则憬然觉悟，知人类非想让而不能相安，而唐、虞之君臣遂身倡而力行之。高位大权，巨富至贵，靡不可以让人，而所争着惟在道德之高下及人群之安否。后此数千年，虽曰争夺劫杀之事不绝于史策，然以逊让为美德之意，深中于人心，时时可以杀忿争之毒，而为和亲之媒。故国家与民族，遂历久而不敝。❶

中国文明的伟大之处就在于，见争杀而能有觉悟，而升华出一种"道德理性"，并以此为基础，尊崇自然法则，最终构建成一个天、地、人大一统的文明秩序。

观古今逊让之德，莫过于帝尧之禅让于大舜。帝位为人间最为尊贵者，故让之而尤为难能可贵。帝尧让位之事，《尚书》写得明白：

> 虞舜侧微，尧闻之聪明，将使嗣位，历试诸难。（《尚书序》）

---

❶ 柳诒徵. 中国文化史（上）[M]. 长沙：岳麓书社，2010：67.

虞舜出身微贱，并不是帝尧之亲近。帝尧经四岳之荐举，自己也听闻虞舜的聪明道德，于是便起用虞舜作为百揆，即宰相，作为储君。帝尧出了许多难题来考验虞舜，而虞舜皆一一通过检验，并最终登天子位。

但考察帝尧之前的历史，一般天子都是寻找亲近而有仁德的人作为宰相，经过长期的政治历练，待天子退位后，以代替之。

> 古之有天下者，皆使亲而贤者立乎辅相之位，储以为代，其耄且没矣，因而授之，人心定而天位以安。（王夫之《尚书引义·尧典二》）

从黄帝开始，天子都是让亲近而贤德之人辅佐自己，并将其立为储君，帝尧本人就是帝挚之弟而为辅相，最终取代帝挚而登"大宝"。这显然是一种定制或政治继承的惯例。这样做的好处在于，人人皆知辅相是储君而内心安定，而辅相之政治能力也可以让民众看到，人心会进一步安定。若辅相仁德昭明于四海，待其最终嗣位，是自然过渡的事情，民众会"日用不知而习以安"。这是一种自然过渡的政治继承秩序，这种制度既能保证继位者的政治能力与品德，又能使社会处于一种稳定而和平的氛围之中。反观西方之民主选举，往往扰民过甚，而且又不能保证其继位者的能力与品德。这种制度是一种"养民"制度，养民于"日用而不知"中，养民于"安定"之中。

然而，帝尧改变了这一传统。他们从民间找了个微贱的虞舜作为其帝位继承人。何以如此？答案很简单，因为帝尧之亲近者，没有足够的道德胜任储君之位置。这进一步证明了政治继承秩序必然处于道德理性秩序之下，道德是政治的基础。与柏拉图之"哲学王"不同，中国古代圣王第一的品质是道德。

虞舜秉承帝尧"克明俊德，以亲九族"的伦理道德，并发扬光大，最终以"大孝"闻于天下。舜之"大孝"是其品德，这种品德还需要政事的检验，以考查虞舜有无能力将此品德运用到政事治理中去，故而帝尧"历试诸难"。虞舜居于宰相之位，民众既已早闻其"大孝"之德，又可见其德化之能力，故民心得以安定。而后，虞舜登天子位则是水到渠成的事，这种自然过渡秩序是顺天应人、养民于安定之中。

以道德为王，是所谓"敬德立教"。虽则是政事，其本质在于道德之高扬与教化。"禅让"就是最高层次上的"德教"实践，是道德理性居于权力欲望之上的文明秩序的必然体现。

帝尧举虞舜于侧陋之中，改变了推举亲近的局面，是中华文明的一大进步。从此，政治领域开始向一切有道德者开放。这种政治开放之局面，又鼓励了中华文明道德理性的全面发展与进步，进一步巩固了以道德理性为基础构建的中华天、地、人大一统的文明秩序。当然，更为关键的是，它保证了"敬德立教"秩序的绵延。所以说，明扬侧陋与禅让是政治层面上的"德教"，其教民以德，养民以自然安定秩序之下，可谓礼乐传播制度之大者也。

第二节 浚哲文明，温恭允塞：
帝舜之礼乐传播制度

帝舜继帝尧之后，而为天子。帝舜以"大孝"而"玄德升闻"，经帝尧之禅让而登天子之位。以孝为德而为天子，帝舜为古史第一，可称得上"仁孝初祖"。帝舜时，洪水尚未平息。经洪水之祸，民众因乱而不及修德，社会道德秩序一片混乱。经大禹父子的长期努力，治水终于获得成功，家园得以恢复，而社会道德秩序也需要重建。柳诒徵先生说："洪水既平，民多盲昧，其待教育甚于饥渴。"❶ 是以帝舜行"五教"与"三礼"以恢复社会道德秩序。洪水平定，人民安定，百业开始兴盛。随着社会的发展，物质设施得以进步，而学校作为一种教育场所与设施，在帝舜时开始首次明确出现。学校是国家教育的集中场所，是圣王立德宣化的重镇。帝舜之学校也是礼乐传播并行。学校之出现方便了知识的传承，有利于圣王的教化。而学校作为教化所在，也把以前的"养民"寓于"养老"之中。老人者，民之最需养者也。学校具有养老的功能是一种象征，象征着教民以养民，礼乐传播并行之制度。帝舜时期，学校教育之内容以典乐与养老为主，而"五教"与"三礼"则是社会教育。"五教"与"三礼"实则是礼义制度，是延续了伏羲以来的礼乐传播制度。由此可见，帝舜时期，社会教育与学校教育并行发展，相互补充，这一特点一直持续到清末也未曾动摇。值得注意的是，帝舜时期，中华文明的文化自觉意识上升到了一个很成熟的境界，以"中"为核心的中华文化开始凝固成型，这便是"中国"的初现。

"五教"与"三礼"

"五教"与"三礼"是帝舜继承帝尧而有所发明的礼义秩序，是普通之社会教育。唐虞时代的教育，学校教育与社会教育并行，而犹以社会教育为普及也。

《尚书·舜典》曰：

---

❶ 黄绍箕，柳诒徵. 中国教育史［M］. 福州：福建教育出版社，2011：24.

　　帝曰："契，百姓不亲，五品不逊。汝作司徒，敬敷五教，在
宽。"（《尚书·舜典》）

　　帝舜任命契为司徒，向天下布陈并传播五教。司徒所陈五教，非学校
教育，乃家庭教育也，亦可谓民间教育也。

　　"五教"的内容历代注家解释略有出入。《左传》《史记》俱以为乃五常
之教。即"父义、母慈、兄友、弟恭、子孝"也。马融、郑玄见解亦同。
独孟子以为"五教"乃"父子有亲、君臣有义、夫妇有别、长幼有序、朋
友有信"。孟子之学早于以上诸家，为孔子正统，又生于秦火之前，故其
"五教"之解释，虽与诸家有异，然亦可信也。且孟子的解释扩大到整个社
会伦理，其伦理秩序更为完备，而其他诸家则只限于家族伦理。

　　（帝尧）克明俊德。以亲九族，九族既睦，平章百姓。百姓昭
明，协和万邦。黎民于变时雍。（《尚书·尧典》）

　　据《尚书正义》的解释，尧作为天子，能尊明俊德之士，使其助己施
行教化。以此贤臣之化，先令亲其九族之亲，九族既已蒙受教化而相互亲
睦，又使之和协显明于百官之族姓。百姓蒙受教化皆有礼义，昭然而明显
矣，又使之合会调和天下之万国。其万国之众民于是变化从上，是以风俗
大和，皆能使九族敦睦、百姓显明、万邦和睦，是"安天下之当安者"也。

　　孟子之说更符合帝尧教化的旨意。由父子、君臣、夫妇、长幼、朋友
五种关系构成的社会伦理秩序更加完整，更具有"百姓昭明，协和万邦"
教化天下的广大胸怀。孟子承续孔子正统，其说更为醇正，但孟子每每对
孔子之学说有所发挥，也为常见。

　　史迁诸家以五教为家族伦理，其说亦当。尧舜之时，学校虽已产

生，但规模尚小，不足以容纳百姓乃至平民之子弟。故五教之行，盖以家庭为主体也。且家族教育个个施行有果，则天下的伦理秩序自然成就。由父子推而广而有君臣之礼，由兄弟、长幼推而广乃有朋友之信也。综而观之，契为司徒、敬敷五教、史迁诸家之论，或许是特指其教育施行之法，而未有发挥。孟子之论则描绘其时的伦理秩序，而对"五教"效果有所发挥。

"五教"的施化，其总诀只在一字："敬。"故言"敬敷五教"。《说文》："敬，肃也。自急敕也。"《尔雅·释诂》："肃，疾也。"而《曲礼》："毋不敬"，何允注"在貌为恭，在心为敬"。因此，敬之意乃是内心敬持某物某事而欲行之急速也。帝舜之命契"敬敷五教"，是要契秉持敬意并速速布陈施化其"五教"也。教化之行在于潜移默化、润物无声，而帝舜则雷厉风行，何以故？柳诒徵先生曰：

> 舜命契"敬敷五教"，盖欲契疾布五教也。洪水既平，民多盲昧，其待教育甚于饥渴，使以儒缓施之，则"累寿不能尽其学，当年不能行其礼"。九州、五服安得普及？故必急布其教，然后可以图治。❶

尧舜时大水，黎民处于死生之地。尧舜为政，以治水为第一，而政教皆废。洪水为祸时日长久，教化之不施行也已长久。其民因缺乏教育，而复归于蒙昧之境地。帝舜起用大禹以治水患。大禹治水十三年，其功果成。然水患已久，百政待兴。帝舜使大禹掌司空以复建家园，使后稷恢复并发展农业，使契"敬敷五教"。《尚书·舜典》记载详细，其顺序井然。复建

---

❶ 黄绍箕，柳诒徵. 中国教育史[M]. 福州：福建教育出版社，2011：24.

家园、恢复农业、敬敷五教等政事非同时而行，其先后次序及其缓急轻重一如书中之记载所示。故先复家园，而后复兴农业，而后"敬敷五教"也。孔子之治政策略亦如是也。

> 子适卫，冉有仆。子曰："庶矣哉！"冉有曰："既庶矣，又何加焉?"曰："富之。"曰："既富矣，又何加焉?"曰："教之。"（《论语·子路》）

孔子删定《尚书》，而其政治思想多由《尚书》而来。在这里，孔子治国的步骤与《尚书·舜典》的记载毫无二致。庶者，多也。孔子的第一步是发展人口。复建家园乃"庶"也。孔子的第二步是发展生产，使人致富。帝舜时代以农业为主，恢复并发展农业是致富之道。孔子的第三步是教育。而帝舜使契"敬敷五教"也是教育。孔子曾美盛尧舜之世，其治政思想出自尧舜，在此可见一斑。

水患治愈之初，民之心思纯在建设家园与恢复生产上。此时，教育尚不能行，亦不可行。而既安定富庶之后，"民见可欲"之事渐多，则贪欲纷争之心大起，而社会就此始乱矣。治乱如治水火，不能不速。水祸之后，社会秩序久废，社会之乱正因乱后失序，故欲治乱，要先定秩序。秩序之大莫过于伦理，伦理之教莫过于"五常"。故帝舜命契速速布陈"五常之教"，使社会复归于伦理秩序之中，而天下始治矣。

速则速矣，而布陈"五教"尚须敬持。孔子曰："必也临事而惧，好谋而成者也。"惧者，敬也。布陈"五教"之事必因敬而惧，好好谋划，谨慎施行，以成全功。帝舜以其浚哲文明，知明道布教，非敬不克。

> 舜曰："吾尽吾敬，而以事吾上，故见为忠焉。吾尽吾敬，以

接吾敌，故见为信焉。吾尽吾敬，以使吾下，故见为仁焉。"(《新书·政语》)

帝舜之教纯在于一"敬"字。其临事而敬，故上下左右皆以为其"忠""信""仁"也。帝舜也以其忠信仁义，而布教四方，修德来远。《史记》称舜"一年所居成聚，二年成邑，三年成都"。帝舜以"敬"化人，其速如是。帝舜命契"敬敷五教"，盖由自己经验所得，并传之与契也。

帝舜又命伯夷为秩宗，典"三礼"。《尚书正义》注："秩宗，秩序宗尊也，主郊庙之官。"三礼乃天神、人鬼、地祇之礼也。唐虞时，祭天之礼在南郊，祭地之礼在北郊，故祭祀天地之礼称"郊"；祭祀先祖在宗庙，故称"庙"。

秩宗典"三礼"，同样也是施行教化。先民以农事为生，要顺天应时而作，不违农时。大地生养万物，也需要加以呵护，感其厚德。祖先发明文物制度，绵延后嗣，人类得以发展延续。天、地、祖先乃生存之本，与三者处理好关系是先民生存、绵延的基石。故"三礼"教育是世界观、人生观的教育，与"五教"的伦理观教育并行而上、相得益彰。"三礼"教育的总诀与"五教"相同，为一"敬"字。帝舜命伯夷为秩宗，郑重嘱咐曰："汝作秩宗，夙夜惟寅，直哉惟清。"帝舜要求伯夷早晚都要敬司其职，典"三礼"而施行政教，使社会正直而清明也。

"五教"解决的是人与人之间的伦理秩序问题。"三礼"解决的是人与天地、自然及祖先的观念和秩序问题。学校之典乐教育解决的是人自身修德进阶的智慧、知识、修养和能力问题。唐虞时代的教育集家庭教育、伦理教育、社会教育和学校教育于一身。其教育内容之丰富，教育体系之完备，皆大为可观矣，绝非如现代人认为的那样简陋。

伦理教育不在学校而在家庭，此制度古今相同。学校教育重在示范，家庭教育则重在践行。学校内只有师生，伦理关系不能完备。伦理教育重在践行，故行之学校多有不足，必以家庭教育行之。

家庭教育乃普世教育，其材不能拣择。无论贤与不肖，皆以教之。教育因各人天资不同，其效果也不相同。但"有教无类"，各人因其天资，而能有对应之成就，则教育之大善结果矣。不必谓人人皆成贤圣之体，此即古人之"自得之教"。《孟子》中记载尧命契施行教化：

> 劳之来之，匡之直之，辅之翼之，使自得之，又徒而震德之。
>
> （《孟子·滕文公上》）

教育之道无论采取何种方式和手段，劳、来、匡、直、辅、翼，皆所谓使人到达"自得之地"。自得者，内在学问生成也。知识、实践内化为人生内在之智慧。知识是外在的学问，智慧是内在的学问，知识通过实践内化为人生智慧，故称"自得"。人入"自得之地"，则其智慧内在生发，并外放于万物。因其内在智慧之一致性，作用于万事万物而不至于迷惑。若人不入"自得之地"，则不能以一理御万物，必致万物"乱花渐欲迷人眼"的境地，而生迷茫惑乱之心。

> 君子深造以为道，欲其自得之也。自得之，则居之安；居之安，则资之深；资之深，则取之左右逢其源，故君子欲其自得之也。（《孟子·离娄下》）

"自得之地"乃不借外物而能内在生发。内心若独立生发"自得之地"，则其人必有"自由之精神，独立之思考"，则其心安定，故曰"居之安"。内心生发源源不断，故曰"资之深"。资深则予取予求，左右逢源。

唐虞时代,其教育理念可谓先进矣。自得之教乃古典礼乐传播制度之精华。自得之教是从内在修养上培养人,而不单单是在能力上培养人。它是对独立思考、独立精神的培养,是对完整人格的培养。它让人能在万物之中自立自主,而非随波逐流。"五教"与"三礼"皆教人如何在宇宙万物之间自立自强也。

唐虞时代的教育,无论家庭教育还是学校教育,皆注重人格的养成、品格的完善。致政理物的能力乃人格完善之余事。教育绝非短时之功利性,而着眼于文明的久延。典乐、养老、"五教""三礼"皆非事功性的实用教育,但其完善人格,使人能入"自得之地",则是教育的成功。自得之人,又能在事功处左右逢源,则实用教育自行完成矣。此老子所云"以其无私,故能成其私"的道理。

若今世的教育纯在实用性教育上用力,将会使人性荒芜。若人性荒芜,则社会文明秩序混乱不堪,争斗祸乱之心大起,世风日下。而实用教育的成果,若科技者,由于人性不健全,其用处多有迷误的区域,致使科技害人误国者,频频出现。盖因为今世人类被物质束缚,而不能"自得"。不能"自得",则看不清方向,看不清方向而急于赶路,一通"暴走"后,会觉得方向不对。因急行太远,又不能回头,只得将错就错,一直赶路。心中渴望着"条条大道通罗马"。然而,地球虽是圆形的,难道人类文明之路也是圆形的不成?若人类文明就如此"带病"前进,将不知何之。

虞舜之学校礼乐传播制度

神农氏设明堂,悬卦象以教民。此明堂虽为教育民众之所,然明堂也为议政、祭祀的所在,是故此时明堂尚不是专门的学校。

中国学校制度明确见于记载的还是以《尚书·舜典》为最早。据

《尚书·舜典》中记载，虞舜设置并任命九官，其中三种官职都与教育有关。

> 帝曰："契，百姓不亲，五品不逊。汝作司徒，敬敷五教，在宽。"（《尚书·舜典》）

> 帝曰："咨！四岳，有能典朕三礼？"佥曰："伯夷！"帝曰："俞，咨！伯，汝作秩宗。夙夜惟寅，直哉惟清。"（《尚书·舜典》）

> 帝曰："夔！命汝典乐，教胄子，直而温，宽而栗，刚而无虐，简而无傲。诗言志，歌永言，声依永，律和声。八音克谐，无相夺伦，神人以和。"夔曰："於！予击石拊石，百兽率舞。"（《尚书·舜典》）

以上文字皆出于《尚书·舜典》。帝舜命契为司徒，"敬敷五教""五教"五常道，即父义、母慈、兄友、弟恭、子孝。司徒是主掌社会伦理教育之官员。

命伯夷为秩宗，典"三礼"；《尚书正义》曰："此时秩宗，即《周礼》之宗伯也，其职云'掌天神、人鬼、地祇之礼'。虽三者并为吉礼，要言三礼者是天地人之事，故知三礼是'天地人之礼'。"

命夔典乐，教胄子。按孙星衍《尚书今古文注疏》注：马融曰："胄，长也。教长天下之子弟。"郑康成曰："国子也。"按马融之解，夔掌典乐事，以行教育天下子弟之责。此处应被视作学校制度正式的起源。

司徒与大宗伯之官，司社会伦理教育或谓普通教育，如今天之思想道德教育。而夔为乐官，司音乐教育，这属于专业教育。故唐虞时期，教育分为两职，即普通教育和专业教育。

社会伦理教育的施行制度多不可考，盖由上行下效，风行草上之法。

专门教育则有学校，有虞氏学校曰庠，或曰米廪。

> 米廪，有虞氏之庠也。（《礼记·明堂位》）
> 有虞氏养国老于上庠，养庶老于下庠。虞庠在国之四郊。
> （《礼记·王制》）

有虞氏的学校，有上庠与下庠。上庠养国老，下庠养庶老。四郊也各有学校。根据《王制》推之，上庠与下庠应在国都之内，以对应四郊之庠。上庠与下庠各有一所无疑，而四郊之庠数量未可断定。柳诒徵在《中国文化史》一书中论道：

> 以王制推之，有虞氏国都内外，当有学校六所，上下庠各一，
> 四郊之庠四。❶

有虞氏之庠，分为小学和大学。伏生《尚书大传》曰："适子十三入小学，二十入大学。余子十五入小学，十八入大学。"《礼记·王制》篇曰："王太子，群后之太子，卿大夫、元士之适子，国之俊选，皆造焉。"

有虞氏之时，学校似乎并不分贵贱。上至王子，下至平民之俊选，皆可入学校而得教育。近代疑古家则认为："虞、夏、周三朝的学校制度为贵族平民阶级分化的双轨制，已十分明显。"❷ 此亦一说。但此说显然为"阶级哲学家"的臆测，不足为信。有虞氏时代，所谓贵族多居于城市，平民多居于村野。入学条件显然有差异。且《礼记·王制》篇未提入学者皆为贵族，反而明言："王太子……元士之适子，国之俊选，皆造焉。"士者，乃

---

❶ 柳诒徵. 中国文化史[M]. 长沙：岳麓书社，2012：87.
❷ 周予同. 中国经学史讲义（外二种）[M]. 上海：上海人民出版社，2007：76.

平民因读书而能理事者。故言，有虞氏学校制度未必阶级差异深重。

有虞氏的大学，或上庠；有虞氏的小学，或下庠。上庠、下庠皆在国都之内，故称为"国学"。而四郊之庠，因其在国都之外，故称为"乡学"。国中王太子至元士之子，皆先入国学的小学，小学学业完成，则入大学；平民则入乡学，待其毕业，选其俊秀可造者，升入国学的大学。乡学与国学非双轨制，而是相交通的体制。由此可见，有虞氏的教育乃天下之公器，是面向平民开放的体制，而远非贵族垄断的教育体制。

有虞氏之世，其学校教育之内容在《尚书》《礼记·王制》《孟子》等诸子之书中都有明确的记载。

其一为典乐教育。《尚书·舜典》记载帝舜任命夔进行典乐教育。其辞曰："汝典乐，教胄子。"夔以何教胄子呢？王肃曰："胄，长也，教长国子中、和、祗、庸、孝、友。"夔之教学总纲及其教学目标是此"六字诀"。何以达到教学目标呢？通过音乐教育达到教育目标。只因音乐最能转移人的性情，通过音乐教育诱导性情向善，其意志之德从而成立。音乐教育实为修身进德的阶梯。

上古社会，诗乐舞融而为一。

诗言志、歌永言、声依永、律和声。(《尚书·舜典》)

典乐教育实际上还包含文学、音乐、语言、舞蹈等诸多科目。典乐教育内容十分丰富。

其二为养老。有虞氏学校称为庠。庠者，养也。学校称作庠，即以养老而言。由此可见，有虞氏之时养老在学校教育中的重要性。养老是学校教育的关键内容。

"有虞氏皇而祭，深衣而养老。"又"凡养老，有虞氏以燕礼。"又"养耆老以致孝"。(《礼记·王制》)

养老即教育。学校养耆老，就是孝道教育。有虞氏的司徒掌伦理教育，也就是所谓的"敬敷五教"。司徒的教育非学校教育，是普遍的家庭教育。"五教"的核心意义也在于孝，养老之义在于孝。由此可见，学校的养老是社会伦理教育的配合。以上，典乐教育与养老，皆在学校施行。

唐虞之学校教育之事有二，一者为典乐教育；一者为养老。典乐教育教"胄子"，是对人的培养教育，犹如现代的学校教学生知识、本领，使其成年学成之后，能在社会上有正当的职业，以利其谋生，以成就自我的人生。这一意义上的教育，谓之"教"，乃现代教育所谓的"事功性"教育。但现代教育之所以只能称为教育，而不能称其为礼乐传播制度，关键在于现代教育缺乏"养"的内容。何谓"养"？"养"乃人性的滋养，养成人格。人之所以为人，不在于其能力大小，而在于其"人格"所在。人若无"人格"，则入于禽兽之域，不得谓之"人"也。何谓"人格"？区别于禽兽之性情与格调。现代教育专以知识能力教育为事，而"养"字则遗失殆尽。学校之"养老"者，正是以养老而更凸显人性的光辉。人性之美，在于伦理秩序之美，在于文明绵延之美。而学校的养老，则是"孝"的教育，孝体现的伦理秩序之美是文明绵延的根本。

唐虞时，典乐教育以音乐转移性情，转移者何？转移乃从禽兽之性转向人类之性，从而养成"人格"。"五教"之教育，是人伦教育，以区别于"禽兽"的伦理。"三礼"则信仰教育，禽兽无信仰之谓，人之有信仰则更是区别于兽类。由此可见，古之教育，养成人格教育与事功性教育并举而行，尤其以养成人格教育为重。孔门"四科"，以德行为第一者，其意义也在人格的养成，是教育第一义。故唐虞时代之教育可称为礼乐传播制度，而现代教育则不能称为礼乐传播，其原因正在于现代教育缺乏"人格"养成的内容。

若说唐虞时代的教育，典乐教育是唯一的学校专业教育。自伏羲至黄帝，教育之内容多矣，如书、数、礼等，为何唐虞时代学校专有音乐教育？

唐虞时代，虽已发明文字，但不如今天的笔墨纸砚乃至打印机方便，所书写的介质只有金石、龟甲。金石、龟甲虽可以流传后世，但文字数量很少。另外，书写不易。虽有竹木、布帛初现，竹木也难刻写且不易保存。布帛又昂贵，难以用于大量书写。故以书写介质论，古人书写传事少而艰难。因此，唐虞之时，口语传播尚属主要渠道。

口语传播要求其能便于记忆，则事情之描述必少而成韵，因此古代记述多以诗歌形式。中国古代有采风传统，太史采风，其事入于诗歌，故古代历史与诗歌融为一体。《诗经》就是太史所采所录的有韵古史，是以《诗》亡，而孔子作《春秋》。《诗》即《春秋》，古时诗史一体。诗者，和韵之歌也，故诗不能无乐，配其乐以歌咏之，歌咏不足而舞蹈之。因此，诗歌、音乐、舞蹈融为一体。《尚书·舜典》曰："诗言志、歌永言、声依永、律和声。"典乐教育，非专言音乐，乃以音乐为媒介，施行诗歌教育、历史教育。音乐既能转移性情，使人性向善，又能使历史易于歌咏而传播久远，故国学大师柳诒徵先生曰：

> 古代学校之教音乐，非徒移人性情而成其德也，举凡文学、历史诸科，无不以乐该之。❶

---

❶ 黄绍箕，柳诒徵. 中国教育史[M]. 福州：福建教育出版社，2011：30.

由上可知，典乐教育实质上不是纯粹的音乐教育，而是以音乐为媒介，融汇文学、历史诸多学科的综合教育。其目的在于"移人性情而成其德"。德者，得也。行道而有得谓之德。典乐教育何以成其德呢？

唐虞之时，诗乐教育与政治、宗教的关系紧密。通过典乐教育，学生所学之历史、文学、声乐可直接应用于政治之中。若其行之有道，则自可成其德也。

八音克谐，无相夺伦，神人以和。(《尚书·舜典》)

帝舜命夔典乐，要求八音能够协和，不要相互错乱。这样的话，则神人以此可以相和矣。音乐和协，则人神相和。人神相和，则政教亨通。如是，作乐可以降神，音乐与宗教关系密切可知。

音乐非但与宗教相同，而且直接用于政事者亦多。如帝舜就可以通过音乐判断政事治理之好坏。

予闻六律五声八音，在治忽。以出纳五言，汝听。(《尚书·益稷》)

帝舜欲以六律和声音，来观察天下治理及忽怠者，又结合出纳仁义礼智信五德之言，施行于民而成教化。音乐与治政的关系，于帝舜之时，可谓直接。而对于典乐之功用，柳诒徵先生说得更清楚：

盖古人以声音之道与政通，故恒注重于音乐。而学生以此为教科，则一以淑学者之性情，一以裕学者之知识，储才化俗之义兼而有之焉。❶

❶ 柳诒徵. 中国文化史[M]. 长沙：岳麓书社，2012：89.

储才就是培养为政的人才，化俗就是通过音乐之教育使学者性情淑均。储才偏于个人能力，化俗则是培养完善的人格。其中可见礼乐传播之意存焉。

学校所养的"老"，有国老，有庶老。国老养于上庠，而庶老则养于下庠。国老为何人？而庶老又为何人呢？据《礼记正义·王制》注：

> 皇氏云："人君养老有四种，一是养三老五更；二是子孙为国难而死，王养死者父祖；三是养致仕之老；四是引户教年，养庶人之老。"（《礼记正义·王制》）

由此可见，国老应指前三种老者，而庶老则指的是民间年长者。根据《礼记》记载，"五十养于乡，六十养于国，七十养于学"。这里所谓的"乡"就是乡学，"国"就是国之小学，而"学"则是国之大学。古人养老，未分贵贱，只是按照年龄大小施行。

养老的目的何在呢？《礼记·王制》曰："养耆老以致孝。"《礼记正义》疏："静养耆老，所以致恭孝之心。"养老是施行孝道的教化，以上示下，使人人皆生致孝之心。

养老与学校之中，则不是单纯地养老。若耆老在学校以素餐为事，而无所用，似乎不太可能。老者人生经验丰富，必有可教年少者。特别是致仕之老，其为政之道，治政之德，若不用于教学，则大为浪费。养老之意，也在教学也。对此，柳诒徵先生曾有精辟之论：

> 凡在庠之老者，必有常年之膳食，如近世各国之有养老年金者然。而老者在庠无所事事，则又等于素餐，故必各就所长及其多年之经验，聚少年学子而教之。于是耆老之所居，转成最高之

学府。而帝者以其为宿学之所萃，亦时时莅临，以聆其名言至论，取以为修身治国之准绳。少年学子见一国之元首，亦隆礼在庠之师儒，则服教说学之心因以为挚。此古代以学校养老之用意也。❶

中国文化本就注重经验。耆老以一生的实践，铸就道德文章。待其退休之后，转而聚集少年子弟，教之以平生之学问。时日延伸，耆老所教之弟子皆有所成，而其威望更加树立起来。慕名求学者纷至沓来，耆老的住处便成教学之学府。此正是古代学校产生之由来。先有老师，后有学校。耆老便是古代学校之老师。故"庠"者，养老师之所也，因此老师是学校的根本。古人之师，非德高望重者不能为之。耆老不但教育学生，帝王亦时来聆听其教诲。学生每见帝王尚且对老师毕恭毕敬，便更增添尊师向学的心。学校的养老，非徒养老以致孝，且养老以尊师也。

养老另有安老之意。老者是活的"历史书"。尊重老者，就是尊重自己的历史。尊重老者，也就是承认自己以前的文化。老者就是以后的自己，安定老者就是对自己以后生活的严肃安排。孔子之治世理想："老者安之，朋友信之，少者怀之。"此外，"老者安之"排到了第一重要的位置，是孔子尊重历史的表现。只有老者安定，并由老者施行教育，这个社会自上到下的价值观才是统一的，这个社会文明才会稳步地向前推进，这个文明秩序才会真正地内在统一地建立起来。养老也是安老，是社会文明秩序良性建立的必然之路。中国文明绵延数千载而不辍，"老有所安"是其内在的重要文明密码之一。

养老之功用有三可知，一曰致孝；一曰尊师；一曰安老。三者有教有养，礼乐传播合一，而中国古典礼乐传播制度至此开始兴盛。

---

❶　柳诒徵. 中国文化史[M]. 长沙：岳麓书社，2012：88.

第三节 "中国"初现：
中道之礼乐传播思想

教育之发生，必有其宗旨。不同文明其教育宗旨也应不同。如上所言，中国文化之本根固定于唐虞之时，而中国开始称为中国，也在唐虞时代。《尚书·禹贡》曰："中邦锡土姓。"《史记》则曰："中国锡土姓。"

欲考察中国教育的宗旨，须先明"中国"的含义。中国之名至少有以下几种解释：

其一，以地理言之。《左传·僖公二十五年》："仓葛曰：德以威中国，刑以威四夷。"此处中国与四夷对举。《诗·民劳》："惠此中国，以绥四方。"此处中国专指京师。

其二，以礼义之国言之。以中国之文明风化区别于无文明教化者。《左传·公羊传》："不与夷狄之执中国也。"何休曰："因地不接京师，故以中国正之。中国者，礼义之国也。"

故中国之为中国，并不为地理疆域、种族等所限制，能行礼义之邦即为中国，而不行礼义者，即便地处中原腹地，也视之为夷狄。对此，韩愈在《原道》中说："孔子之作《春秋》也，诸侯用夷礼则夷之，进于中国则中国之。"

中国的含义因种族发源地，以及华夏礼义文明体多居中原腹地，地理之说未可否定。而地理位置限定中国，则也不合历史事实。中国是世界四大文明发源地之一，非由一点向外扩散而成，而是百花齐放，四处融合而成。中国自古幅员辽阔，从地理角度，根本难以确定何谓中央、何谓四方。自伏羲至黄帝，诸多文明体之间相互征伐，又相互融合，天下共主多有变易。共主即为天子，钱穆言"共主乃众酋长之共主"，天子以礼义威望统领天下。其所居之地及其政教所化之地便是后世所称之中国。共主之变易，其居住之地及教化之地应也有所变。因此，中国之地与地理关系不大。中国应为礼义归化向往之地。对此，柳诒徵先生说得透彻：

> 中国乃文明之国之义，非方位、界域、种族所得限。是实吾国先民高尚广远之特征，与专持种族主义、国家主义、经济主义者，不几霄壤乎？❶

中国是天下主义下的中国，而非地域主义下的中国，此意义是中国几千年来共有的思想。中国的"中"字，如果不是专指地理，又是何意呢？

中国既然指的是礼义之邦。其"中"便与礼义有关。或者说，"中"是礼义精神的浓缩和表现。可以说，唐虞之时礼义精神及其教化万民之宗旨当为此"中"字。

> 尧曰："咨！尔舜！天之历数在尔躬，允执厥中，四海困穷，天禄永终。"（《论语·尧曰》）

此乃尧命舜而禅让帝位之辞。唐虞时代，政教合一，执政理念便是教化万民的理念。教化万民的理念就是教育的宗旨所在。尧向舜交代执政嘱托，其中"允执厥中"是其唯一关键的执政嘱言。钱穆在《论语新解》一书中指出：

> 允执厥中：允，信义。中，谓中正之道。谓汝宜保持中正之

---

❶ 柳诒徵. 中国文化史[M]. 长沙：岳麓书社，2012：48.

道以应此天之历数。一说：允执厥中，谓践帝位。古训皇极为大
中。是亦汉时自古相传之说。❶

"允执厥中"就是信守中正之道，用以执政，用以教民。此盖唐虞时代
所以定国名为"中"的原因。由此可以得出，唐虞时代的教育宗旨在于教民
信守中正之道。柳诒徵在《中国文化史》一书中认为：

> 唐虞之时所以定国名为"中"者，盖其时哲王，深察人类偏
> 激之失，务以中道诏人御物。❷

何以唐虞能深察人类偏激之失呢？唐虞皆圣神天纵之体，其超出常人
者不知凡几。凡一切文化、制度乃至于器物的发明，莫不有天才独有的构
思。但除此之外，也有其历史原因。钱穆在《中国文化史导论》一书中
指出：

> 中国文化，自始即在一大环境下展开，因此易于养成并促进
> 其对于政治、社会凡属人事方面的种种团结与处理之方法与才能。
> 遂使中国人能迅速完成为一内部统一的大国家。❸

深察人性偏激之失，并能以中道解决问题，是大环境下成长起来之中
国文明的固有能力。钱穆先生对中国文化自信之深可见一斑。在大环境下
成长的文明，由于部族甚多，故多有争斗，如家庭中兄弟姐妹众多一样。
这些争斗并不是要互相消灭，而是要相互融合协作，一起过好日子，并不

---

❶ 钱穆. 论语新解[M]. 北京：生活·读书·新知三联书店,2005:503—504.
❷ 柳诒徵. 中国文化史[M]. 长沙：岳麓书社,2012:49.
❸ 钱穆. 中国文化史导论[M]. 北京：商务印书馆,2012:7.

断探索共同成长的最佳路径。在不断争斗的过程中，人类偏激之心尽显无遗；而争斗过程又让大家形成一个均势，人类偏激之心受到抑制。这个均势便是各取所需的中间状态。长期的争斗过程，也形成了对付人类偏激之心的经验。此经验经过圣王发挥，便成了执政教化的"中道"，而如独生子女的小环境下成长的文明则难以体会。家国本为一体，此理攸同，无可置疑。

唐虞便是中国文明大家庭中的圣王，在中国各个部族长期斗争、融合和演化的过程中，观察人性偏激之失，而行"中"道。此"中"道之具体体现在《尚书》中也表露甚明。

> 帝曰："夔！命汝典乐，教胄子，直而温，宽而栗，刚而无虐，简而无傲。"又《皋陶谟》："皋陶曰：宽而栗，柔而立，愿而恭，乱而敬，扰而毅，直而温，简而廉，刚而塞，强而义。"（《尚书·舜典》）

以上，就是唐虞时代"中"道教育宗旨之内容。据此，"是唐虞时之教育，专就人性之偏者，矫正而调剂之，使适于中道也。"❶ 从此，中国文化以"中道"为基石成熟并建立起来，开启了孔子与儒家之"中庸之道"。

---

❶ 柳诒徵. 中国文化史[M]. 长沙：岳麓书社，2012：49.

第四章　前轴心时代：夏、商、西周时期礼乐传播制度的因循损益

德国思想家卡尔·雅斯贝尔斯在《历史的起源与目标》一书中第一次把公元前 800 年至公元前 200 年同时出现在中国、西方和印度等地区的人类文化现象称为"轴心时代"。轴心时代的重要特征是人类自觉理性的张扬以及人文主义的全面迸发。公元前 770 年，西周的都城被犬戎攻破。为了避开少数民族的锋芒与威胁，周平王东迁都城至洛邑，历史上称东周，春秋时代开始。而公元前 221 年，秦始皇统一六国，战国时代结束。从时间区间上看，轴心时代正介于东周开始到战国结束之间。简单地说，雅斯贝尔斯所说的轴心时代正对应于中国的春秋和战国时期。本书把东周之前的时期，即夏、商、西周时期，称为"前轴心时代"。

自伏羲至黄帝，教民以养之道渐渐趋于成熟。特别是"唐虞以降，国家统一，政治组织，渐臻完备"❶。这一点于《禹贡》中确证无疑。《禹贡》确立九州贡赋之法，并划分以天子为中心的"五服"制度，标志着天下体系的最终形成。对此，有学者断言："九州的划分及其贡赋制度的确立，五

---

❶ 柳诒徵. 中国文化史[M]. 长沙：岳麓书社，2010：101.

服的划分及其差序格局的规定，标志着一种相对成熟的政治形态与文明秩序已经浮出水面。"❶

中华文明秩序自伏羲肇端，而至于有夏，终于臻于成熟。而"理道之先，在乎行教化"（杜佑《通典序》）。在成熟的文明秩序下，必有成熟的教化秩序。是以，有夏的礼乐传播制度亦必趋于成熟。

文明是历史经验的累积，虞舜之礼乐传播制度因于黄帝、伏羲，有夏则因于虞舜。柳诒徵先生说："夏道近于虞，故虞、夏往往连言。"❷ 依此规律，则时代变化，而其礼乐传播制度递有因循变革。殷商则因于有夏，而有周则因于殷商。孔子言：

> 殷因于夏礼，所损益可知也。周因于殷礼，所损益可知也。

（《论语·为政》）

孔子所言之礼即文明秩序，也是礼乐传播制度。每一代的历史经验经过下一代的学习、借鉴而有所发展，历史的演进正是在这"复古与革新的徘徊之间"自然完成的。中华文明秩序因此而绵延几千年而不断。然而，每一代虽然沿着中华文明秩序的大道前进，但每一代所面临的形势不同，积累的社会"毒素"不同，其损益的重点与侧面也不相同。每一代对前一代的优点有所发挥，又对其所失有所补正，如此循环往复，历史则在螺旋上升中稳步推进，非一意奋激直行，多有积弊而不能改正。古人云："急则多蹶，此之谓也。"故夏、商、周虽皆为中华天、地、人大一统的文明秩序，但其所尚之重点有所差异。

---

❶ 喻中. 风与草——喻中读《尚书》[M]. 北京：北京大学出版社，2011：48.
❷ 柳诒徵. 中国文化史[M]. 长沙：岳麓书社，2010：102.

王者设三教者何？承衰救弊，欲民反正道也。三王之有失，故立三教以相指受。夏人之王教以忠，其失野，救野之失莫如敬。殷人之王教以敬，其失鬼，救鬼之失莫如文。周人之王教以文，其失薄，救薄之失莫如忠。（《白虎通·三教》）

夏、商、周三代，其礼乐传播制度的主旨并不相同。夏主忠，商主敬，而周主文。这不是说夏无敬、周无忠、商无文，只是说三代侧重不同而已，实则三代皆有忠、敬、文之教。日月星辰周而复始，而人类文明秩序的大道也在循环往复。这是中华天、地、人大一统文明的根本主张。每一代都有其时代之风气，不能强同，也不能强异，如天文、四时的变化。夏主忠，是有夏历史阶段发展的必然，不必强同于虞舜，亦不必强异于殷商，纯属时代人事变迁的机缘。金无足赤，道无浑圆。每一代所主之道必有所缺；物极必反，每一代所主之道发展到极致，必走向其反面，而积弊丛生。忠至极而失于野，必求敬而补之。敬至极而失于鬼，必求文而补之。文至极而失于薄，复又必反乎忠而补救之。如此循环，周而复始，穷则相承。

故三王之教损益发展，螺旋上升，而求于中道。唯中道，可以不偏不废。君子无所不用其极，此之谓也。极者，求"中道"之极致也。"中道"思想也已于虞舜时产生，夏、商、周三代的礼乐传播秩序必顺五帝而下矣。

夏、商、周三代礼乐传播制度虽然继承上代而来，但其中礼乐传播的意蕴已发生变化。从伏羲至黄帝，其间民少而政简，圣王教天下之民而养之，为可行也。尧舜时代，特别是水患平息以后，民多而政繁，圣王礼乐传播天下之民，为难行也。于是虞舜有学校产生，而教民、养老于其中。

至夏后氏，为"中华民族在历史上真正建国之开端"。❶ 国家体系趋于完备，民众更多，而政事日益繁复。圣王礼乐传播天下之民，需有变化也，即变养民而为养贤。贤人为道德的标向，养贤人便是树立这一标向，而天下的民风向之。养贤之所便是学校。故而，夏后氏之后学校制度大兴。夏后氏之养贤，并与上代养老结合，三代学校皆以养贤与养老并重。当然，社会之伦理教育同时施行，并可寓于养贤之中。三代社会伦理教育与学校教育一以贯之，至西周礼教兴盛，而中国古典礼乐传播制度蔚为大观。

因此，中国古典礼乐传播制度经伏羲、黄帝、唐虞、夏、殷商的螺旋上升的演进，举凡体制、学校制度、主旨思想，至于西周而臻于完备。故柳诒徵先生论道："三代学制，惟周大备。"❷

第一节　　"立教以忠"：夏之礼乐传播制度

夏之文明是继承神农、尧舜而来。柳诒徵说："夏之社会，农业之社会也。"❸ 对此，钱穆先生说得更明白："夏族据记载是颛顼的后裔，在地理上继承神农氏的农耕，在时代上继承虞族的农耕。"❹

有夏的文明是继承五帝的农业文明而来，更无可疑。礼乐传播制度作为文明的核心部分，夏的礼乐传播制度也是上代的继承和发展。

《尚书》之中，《夏书》共有四篇，即《禹贡》《甘誓》《五子之歌》《胤征》。此四篇足可考证夏的文化及其礼乐传播制度。而由于"今所传之虞夏

---

❶　陈致平. 中华通史(第 1 册)[M]. 贵阳:贵州教育出版社,2013:149.

❷　黄绍箕,柳诒徵. 中国教育史[M]. 福州:福建教育出版社,2011:49.

❸　柳诒徵. 中国文化史[M]. 长沙:岳麓书社,2011:94.

❹　钱穆. 黄帝[M]. 北京:生活·读书·新知三联书店,2012:60.

书皆夏史官所记载"❶，故《虞书》之《大禹谟》《皋陶谟》《益稷》等篇亦为可用。

金景芳先生于其巨著《尚书虞夏书新解》中，开篇即言："《尚书》为吾国第一部信史。"然《尚书》可征于夏道者，毕竟仅仅此几篇文字，今人感叹于文献之不足；而早在孔子时，亦欣慕夏道，而有所叹焉。

孔子曰："我欲观夏道，是故之杞而不足征也，吾得夏时焉。"
（《礼记·礼运》）

子曰："夏礼吾能言之，杞不足征也。"（《论语·八佾》）

孔子虽然苦于夏的文献不足，然孔子之学贯通古今，仍然能从文明大道损益发展中把握夏礼与夏时。而先秦之文献，"凡言三代典制者，往往举夏后氏之制为首。"❷ 由此可见，夏的文明为承前启后，承前于三皇五帝，而启后于商周。从伏羲到西周，文明一脉相承，演进轨迹甚明。

在先秦诸子中，能言夏道者，不能不提到墨子。墨子多称夏道，"大抵尚同、兼爱、节用、节葬之义，多由夏道而引申之。"❸ 《淮南子》也有此说法。

墨子背周道而用夏政。（《淮南子·要略》）

由此详细而推之，夏的文献虽然不多，但信史《尚书》诸篇足以考证夏道。孔子能言夏礼，能守夏时，故孔子之学中以可考见夏道。墨子书中，多称夏道，也可征引之，《诗经》等先秦典籍亦多有夏政。上述典籍虽然不

---

❶ 柳诒徵. 中国文化史[M]. 长沙:岳麓书社,2011:99.

❷ 同❶:94.

❸ 同❶:103.

甚充分，但已足够征考夏道的文明及其精神。自然，夏之礼乐传播制度亦从中得而见之。

《大禹谟》曰："文命敷于四海，祇承于帝。"大禹之文德教命，正是敬承舜之美意。夏之礼乐传播制度，继续发扬虞舜的忠孝精神，"立教以忠"，而推崇忠孝之教育。五行之教由夏禹《洛书》而出，后由箕子于《洪范》篇吐出。而《甘誓》中，夏启曰："有扈氏威侮五行，怠弃三正。"有夏一代已经有五行之教，并尊而行之。《五子之歌》中，有大禹之训曰"民为邦本，本固邦宁"，开启民本主义教育思想的先河。学校体制也沿袭虞庠的体制而发展，有乡校、国学之别。

忠孝之教

夏之礼乐传播制度首推其"忠孝之教"。有学者曾论夏道曰："华夏先民，道德优美，风俗淳朴，其影响后世深远的传播思想与传播制度者，首先体现在'忠孝之道'的建制上。"❶古典礼乐传播制度即文明传播。此论虽云夏之"传播思想与传播制度"，但也可视为阐发夏的礼乐传播制度。

"忠孝之教"之"忠"与"孝"可分别言之。

夏人尚忠，与先贤典籍中屡见不鲜，试举例如下：

> 夏人之王教以忠，其失野。（《白虎通·三教》）
>
> 夏人上忠。（《汉书·地理志第八下》）
>
> 夏后氏教以忠，而君子忠矣。（《说苑·修文篇》）

---

❶ 毛峰. 文明传播的秩序——中国人的智慧[M]. 北京：中国传媒大学出版社，2005：115.

子曰：夏道尊命，事鬼敬神而远之，近人而忠焉。(《礼记·表记》)

从典籍中看，夏人尚忠是众口一词，毫无疑问的。前文有言，孔子删定《尚书》的目的在于，对上示人主以规范，对下教民以大义。"忠"之一字，非所谓下民对君王尽忠，乃是君王教民以善，并思利民之谓也。此义于《孟子》《左传》中见得分明。

教人以善谓之忠。(《孟子·滕文公上》)

上思利民，忠也。(《左传·桓公六年》)

夏之"忠"，是圣王教民以养之大道。圣王教民以善，其目的在于利天下之民。故孔子称之为"忠利之教"，指圣王官吏尽忠于民而言，即圣王官吏以其为政为民的忠心，而求得天下人民的大利。

大禹治水可称得上"为民尽忠"的千秋表率。大禹"薄于为己者，乃相率于为人，勤勤恳恳，至死不倦"，"其忠于民以实利为止"[1]。大禹忠于其事而思利天下之民，故夏之"忠利之教"实由大禹开创而来。

尧舜之时，洪水滔天。大禹躬行亲为，克艰历险，而行"忠利之教"。其事载于《益稷》：

禹曰："洪水滔天，浩浩怀山襄陵，下民昏垫。予乘四载，随山刊木，暨益奏庶鲜食。予决九川，距四海，浚畎浍距川。暨稷播，奏庶艰食鲜食。懋迁有无化居。烝民乃粒，万邦作义。"(《尚书·益稷》)

---

❶ 柳诒徵. 中国文化史[M]. 长沙：岳麓书社，2011：104.

大禹以对天下万民无比的忠诚之心，跋山涉水，历经千难万险，一边治水，一边教民耕作，供民食物。大水得以平定，而天下也由此得以大治。"忠利之教"，对民以忠，而对己以薄。《益稷》所载，乃大禹治水之大概，而对大禹的吃苦劳形情形言之不详。墨子推尊夏道，尤其以大禹为榜样，而以吃苦为乐，以自苦为极，行此"忠利之教"。

> 墨子称道曰："昔禹之湮洪水，决江河，而通四夷九州岛也，名山三百，支川三千，小者无数。禹亲自操槁耜而九杂天下之川，腓无胈，胫无毛，沐甚雨，栉疾风，置万国。禹大圣也，而劳形天下也如此。"使后世之墨者，多以裘褐为衣，以跂蹻为服，日夜不休，以自苦为极，曰："不能如此，非禹之道也，不足谓墨。"（《庄子·天下篇》）

大禹劳形身体，夙夜在公，其事在于有利于天下之民。在今天而言，"忠利之教"，对于民众可叫做"奉献精神"。对此，柳诒徵叹美道："第谓居职任事者，当尽心竭力求利于人而已。人人求利于人而不自恤其私，则牺牲主义、劳动主义、互助主义悉赅括于其中，而国家之幸福，自由此而蒸蒸日进矣。"❶

夏之忠利之教不是臣民对上以忠，而是强调在位者能尽忠职守，以求对国家和人民有所贡献。忠利之教更不是勤政以求好的声誉，而是对人对事能忠于内心。《尚书》云：

> 罔违道以干百姓之誉，罔咈百姓以从己之欲。（《尚书·大禹谟》）

---

❶ 柳诒徵. 中国文化史[M]. 长沙：岳麓书社，2011：103.

此两句内容，可作为忠利之教的原则。据张居正《尚书直解》，意思是说，既不可违背正理大道，曲求百姓之赞誉；又不可违反天下人的公心，而任情好恶，以遂一己之私欲。老子云："圣人无心，以百姓之心为心。"此之谓也。

而后世之"忠"，则更指臣民忠心事上。此非夏忠利之教之原来宗旨，切不可以后世之"忠"而逆推夏的礼乐传播宗旨。若如此，是想当然之见，诚如钱穆所言，是以时代意见压制了历史意见。❶ 孟子云："知人论世，以意逆志。"要返本归元，还历史的精神真实，而不能以时代偏见错诬了历史真实。柳诒徵论曰："此牺牲之真精神，亦即尚忠之确证也。夫人至不恋权位，不恤子孙，并一己之生命，亦愿献于国民而无所措，垂死犹欲教化远方异种之人，其教忠之法何如乎？后儒不知忠之古谊，以臣民效命于元首为忠，……岂非学者不明古史，不通古谊之过哉！"❷

以上所论，乃夏之尚忠。忠孝两字，自古相连。古人云："自古忠臣出孝子。"于家为孝，于国为忠。孝在忠之先，忠在孝之后，故孝乃忠之前提与根本。中华文明之所以绵延久常，其关键正在于基于"忠孝"的礼乐传播制度与文明传播秩序之上。有学者论曰："于国尽忠，于家尽孝，此数千年以来中国人之最高信誉，中华文明之道德基础，也是中华民族凝聚力的核心。"❸

夏道尚忠，而孝为忠之前提与根本。从逻辑上讲，夏道须得尚孝，事实上也是如此。

根据《尚书·尧典》中记载，大舜"克谐于孝"。中华文明明确提出孝

❶ 钱穆. 中国历代政治得失[M]. 北京：生活·读书·新知三联书店，2005：前言.
❷ 柳诒徵. 中国文化史[M]. 长沙：岳麓书社，2011：104.
❸ 毛峰. 文明传播的秩序——中国人的智慧[M]. 北京：中国传媒大学出版社，2005：115.

道的第一人就是大舜。而大舜以"侧陋"出身而登天子位，就是因为其大孝父母而显明于天下。自大舜后，中国人以孝为至德。俗语云："百善孝为先。"此之谓也。

自古虞夏并称，而夏道敬承大舜之孝道可知。观《夏书》之文，《甘誓》《五子之歌》皆有孝道存焉。

夏王启即天子位，而有扈氏不服。于是，夏王启统率大军亲征有扈氏，大战于甘，临战而誓戒将士曰：

> 用命，赏于祖；弗用命，戮于社。（《尚书·甘誓》）

夏王启告诫将士说，如果用命立功，则赏赐于祖庙之前。祖者，祖先之庙也。夏王启利用将士对祖先的敬畏与荣誉，激励将士用命作战。柳诒徵先生曰："知战陈之勇，正为孝子所嘉。"❶ 正是当时将士之孝心养成，而夏王启才可以用祖先的荣誉感来激励或者胁迫将士去努力作战。由此可见，夏启时，祖先信仰已成为一种宗教。柳诒徵称之为"祖先教"，而辜鸿铭则称之为"家族宗教"和"国家宗教"。辜鸿铭论道："能够让人们、能够让中国的大众百姓遵守道德行为准则的真正动力是'对他们父母的爱'，……国家宗教，其本质、动力和真正的灵感源泉是'父母的爱'——孝心，包括敬奉祖先的祭仪。"❷

《论语·学而》篇："子曰：慎终追远，民德归厚矣。"孝道就是家族的无限责任。通过对祖先的信仰，一代代传承下去。传承的是一份对家族的无限忠诚和责任，否则就会"不孝有三，无后为大"。孝道是中华文明礼乐

---

❶ 柳诒徵. 中国文化史[M]. 长沙：岳麓书社，2011：106.

❷ 辜鸿铭. 中国人的精神[M]. 上海：上海三联书店，2010：43.

传播制度的核心。正是靠着对祖先的无限责任和义务的孝道，中华文明才会如此绵延久长。

《五子之歌》之文，更是表现了夏王太康之弟五人对太康失国的怨恨，对太康不孝的指责。

> 明明我祖，万邦之君，有典有则，贻厥子孙。关石和钧，王
> 府则有，荒坠厥绪，覆宗绝嗣。（《尚书·五子之歌》）

大禹以明明之德照临四方，并制定了许多宪章法典遗留下来，以期子孙能使其基业统绪，不至于覆坠。哪曾料到，太康竟然差点"覆宗绝嗣"。这是不孝之大罪，五子怨恨，良有以也。

太康失国，没能守住祖先的基业，是对祖先之大不敬，是为不孝。但太康失国的根本原因则在于没能遵循大禹之训诫：

> 民可近，不可下。民为邦本，本固邦宁。（《尚书·五子之歌》）

太康失掉民心，而导致其失国。没能遵循祖训，是为不孝。身为天子，不能敬守职位，亦为不孝。故柳诒徵曰："孝之为义，初不限于经营家族。"❶征之于文献，其义亦明。

> 曾子曰："身也者，父母之遗体也。行父母之遗体，敢不敬乎？
> 居处不庄，非孝也；事君不忠，非孝也；莅官不敬，非孝也；朋
> 友不信，非孝也；战陈无勇，非孝也。五者不遂，灾及于亲。敢
> 不敬乎？"（《礼记·祭义》）

---

❶　柳诒徵. 中国文化史［M］. 长沙：岳麓书社，2011：106.

身体发肤，受之父母。以此父母所赠之身而行事，必当敬持其身，临机处事无处不在孝也。自古中国孝敬并称。因此，在家侍奉双亲曰孝，在外敬事显名亦曰孝。《孝经》曰：

> 身体发肤，受之父母，不敢毁伤，孝之始也。立身行道，扬名于后世，以显父母，孝之终也。夫孝，始于事亲，中于事君，终于立身。（《孝经·开宗明义章》）

据柳诒徵先生考证："《孝经》皆取夏法。"❶ 由此可见，孝道在夏代已深入民心，其制度也归于完备。子曰："孝者，德之本也。"孝道作为中华文明道德的核心和根本，在夏代业已确定。中国古典礼乐传播制度自此便以孝道为核心，开启了数千年的光辉文明的大道。自此，孝道便成为中国人的核心信仰。中华文明之"可大可久"模式正因孝道的传扬而确立。柳诒徵先生论曰："尊祖敬宗实为报本追远之正务，视其他宗教徒求之冥漠不可知之上帝，或荒诞不经之教主者，盖有别矣。后代之于祭祀，因革损益，代有不同，而相承至今，无贵贱贫富，咸隆此祀祖之谊，虽侨民散处列邦，语言衣服胥已变异，而语及祖宗之国，父母之邦，庙祧坟墓之重，则渊然动其感情，而抟结维系，唯恐或先。"

孝因家族的无限责任而起。比至国家层面，孝变而为忠君爱国敬事。然而，孝道是道德的根本，忠孝之教必先建立孝道，而后忠利之教才可为之；否则，求忠而不论孝，是本末倒置，先后颠倒也。孝道是教化的核心，也是古典礼乐传播制度的核心。忠孝之教一旦确立，家国一体的文明秩序便建立起来了。

---

❶ 柳诒徵. 中国文化史[M]. 长沙：岳麓书社，2011：105.

六府三事，善政养民

吕思勉先生说："治化之升降，必合役物以自养及人与人相处两端言之。"❶ "忠孝之教"可谓人与人相处之"治化"，而夏之"六府三事"则可谓"役物以自养"。

"六府三事"载于《大禹谟》。

> 禹曰："於！帝念哉。德惟善政，政在养民。水、火、金、木、土、谷，惟修；正德、厚生、利用，惟和。九功惟叙，九叙惟歌。戒之用休，董之用威，劝之以九歌，俾勿坏。"帝曰："俞！地平天成，六府三事允治，万世永赖，时乃功。"(《尚书·大禹谟》)

据《尚书正义》解释，金、木、水、火、土，民用此自资也，彼为五材，此兼以谷为"六府"。"三事"，即正德、厚生、利用。养民之本在先修"六府"，然后正德以率下，利用以阜财，厚生以养民。三者和，所谓善政。

"六府"，即水、火、金、木、土、谷六样事物。这些都是"天地自然之利，民生日用而不可或缺者"。❷ "六府"是人类生存的必需。"但其中容有太过不足处，必须一一为之整理，或相制以泄其过，或相助以补其不足"❸，是谓之"六府唯修"。

"六府唯修"，是人们正确而合理地利用"自然之利"的原则与理念。当然，这一理念是大禹提出并指导人们生活的。这一原则与理念，实质上

---

❶ 吕思勉. 先秦史[M]. 上海：上海古籍出版社，2005：443.

❷ 张居正. 尚书直解[M]. 北京：九州出版社，2010：24.

❸ 同❷。

是大禹"养民"的根本。六府充足，人们又能正确合理利用，则生活得以保障。

"六府"既修，人们物质生活丰足。孔子曾主张，"既富之，且教之。"❶正德、利用、厚生，谓之"三事"，皆教化之事也。正德，是教民明伦理、修礼义；利用，是教民做什器，通财货；厚生，是教民勤生业，节用度。❷

由此可见，六府唯修是养民，而"三事唯和"则是教民。养民与教民相辅相成，养民是圣王为政之目的，而教民则是为了更好地养民。养民与教民，共同构建了大禹的礼乐传播制度。"六府"既修，"三事"既和，而百姓便能从容地生活在此社会秩序之下，而不必事事待于圣王之教令而后行。此即前文所论"教民以自养"之道也。

"德为善政，政在养民"，是大禹"教民以自养"的精当表述。有学者曾论道："大禹从实际治理国家的经验中总结出一条颠扑不破的政治原则和生态理念：'德为善政，政在养民。'"❸ 这一原则和理念贯穿于大禹的教化实践之中。可以说，"善政养民"是大禹的礼乐传播制度。

"六府""三事"，合为"九功"。"九功唯叙"，叙者，合理的秩序。九功唯叙，意思是指，"六府三事"所构建的是一种合理的文明传播与教化秩序。而"九功"合理文明秩序的生动体现便是"九歌"，"九功既叙，则民皆利其利而乐其乐，莫不行之于歌咏之间矣"❹，故称"九歌"。孟子云："王者之迹熄而诗亡，诗亡然后《春秋》作。"❺《诗》用来记录并美刺政治，当

---

❶ 见《论语·子路》篇。

❷ 张居正. 尚书直解[M]. 北京:九州出版社,2010:24.

❸ 毛峰. 文明传播的秩序——中国人的智慧[M]. 北京:中国传媒大学出版社,2005:105.

❹ 同❷。

❺ 见《孟子·离娄下》。

无可疑。"百姓每前日歌咏之言，协之律吕，播之声音，用之乡人，用之邦国，以劝相之，使百姓每欢欣鼓舞，趋事赴功，修者常修，和者常和，前日之成功，得以永久而不至废坏。则养民之政，斯其曲成而不遗矣。"❶ 可见，"九歌"便是把"九功"之事，以诗歌之形式记录之，歌咏之，传播之，并劝善之。"九歌"，即《诗》也。

"六府三事"，为大禹"教民以自养"之善政，是教化体系。而由"九功"到"九歌"，既是一种教化体系，又是一种文明传播制度。在此，教化体系与文明传播体系融为一体，其中包括善政之内容、礼乐之形式，而这正是中国古典礼乐传播制度的精华。

"九功"既成，"九歌"既咏，天下一片太平和融之景象，是谓"六府三事允治"。而"六府三事"是为治理天下、善政养民之宪章法典，必经久不废，故称"万世永赖"。有学者对此叹美道："九功既成，形诸歌咏，以休美勉之，以危怠戒之，是民安其业，人乐其生，歌舞怡悦，沐浴膏泽，修和之功，劲酒不坏，万世永赖，可谓大成！"❷

夏之学校制度

有关中国学校制度的相关记载最早见之于《尚书·尧典》。其中，典乐之夔兼司贵族子弟的教育，盖不能不视为学校制度的起源。❸夔是虞舜之典乐官，故学校制度发源于虞舜之时。虞舜的学校制度上文已有论述。

古史中往往虞夏连称，由此可以推知，夏之学校制度必继承虞舜学校

---

❶ 张居正. 尚书直解[M]. 北京：九州出版社，2010：24.

❷ 毛峰. 文明传播的秩序——中国人的智慧[M]. 北京：中国传媒大学出版社，2005：106.

❸ 周予同. 中国经学史讲义（外二种）[M]. 上海：上海人民出版社，2012：76.

制度而来。但毕竟虞夏之间为"公天下"到"家天下"的历史巨变期，夏代虽继承上代体制，但其间变化亦且不少。先秦诸多典籍，凡言三代典制者，往往举夏后氏之制为首。❶ 如孟子曰："夏曰校，殷曰序，周曰庠，学则三代共之。"❷ 夏代又开启了夏、商、周三代学校制度。因此，夏代为古典礼乐传播制度乃至中华文明之承前启后的关键时期。

与虞舜之庠不同，夏之学校制度有序、校。夏代之学校制度，古代典籍记载颇多。以下，试举几端证之。

> 序，夏后氏之序也。(《礼记·明堂位》)
>
> 夏后氏养国老于东序，养庶老于西序。(《礼记·王制》)
>
> 夏曰校。(《孟子·滕文公上》)

夏后氏之学校有国学与乡学之分别。孟子所说的"夏曰校"，根据宋代大儒朱熹之解释，认为"校"当指的是乡学。根据《史记·儒林传》记载，公孙弘为学官，与太常孔臧、博士平讨论乡里之教化曰："三代之道，乡里有教，夏曰校，殷曰序，周曰序。"❸ 此处，明言夏代的"校"为乡里的教化，是为乡学无疑。既然夏之"校"为乡学，与之相对，则夏代的"序"当指国学而言。《礼记·王制》曰："夏后氏养国老于东序，养庶老于西序。"此处"序"指国学而言。夏代的国学又分为"大学"与"小学"。"东序"指国学的"大学"，而"西序"则指国学的"小学"。《古今图书集成·学校部》中记载："夏后氏设东序为大学，西序为小学。"

夏代的学校制度，大体采用贵族和平民相区别的双轨制。根据周予同

---

❶ 柳诒徵. 中国文化史[M]. 长沙:岳麓书社,2011:94.

❷ 见《孟子·滕文公上》篇。

❸ 见《史记·儒林传》篇。

先生说法，"虞、夏、商三朝的学校制度为贵族平民阶级分化的双轨制，已是十分明显。"❶ 在这个论断的背后，我们可以轻易看出，既然此时学校制度已经明显地采用双轨制，则表明学校制度已有长期的演进和发展，至少在尧舜以前，学校制度就已经开端。这个论断从一个侧面为五帝时期乃至更早时期早已存在的学校制度，提供了一个很好的证明。贵族子弟一般入国学，而平民子弟一般入乡学。虽然国学与乡学为双规制，但却是极富弹性的双轨制。根据后世儒家的解释，平民子弟可以"得选择其俊秀者升于国学的大学"。这样一来，实际上，平民与贵族就有一个正常的流通渠道。而根据西周的学校制度，平民也能上升为大夫。《礼记·王制》对国学、乡学升降、赏罚即相互流通制度论述得颇为详细。以周制征夏制，夏代之学校制度也应存在国学与乡学之互通机制。

夏之大学曰东序，在国中王宫之东。夏之小学曰西序，在西郊。《孟子·滕文公上》曰："序者，射也。"由此可见，"序"是教射的场所。《文献统考·学校考》记载："夏后氏以射造士。"练习射箭是成为"士"的必要技能训练。从西周礼仪中，可知射不仅是一种技能，而且还是一种礼仪精神。《仪礼·乡射礼》："礼，射不主皮。"郑玄注："礼射，谓以礼乐射也，大射、宾射、燕射是矣。不主皮者，贵其容体比于礼，其节比于乐，不待中为备也。"孔子于《论语》中也表达了同样的观点。因此，"序"既是练习射箭技能之场所，又是演习礼仪之地点。《礼记·文王世子》曰："春夏学干戈，秋冬学羽籥，皆于东序。""东序"为夏之大学，夏之大学教学秩序井然，习射与舞乐依季节时序设计进行，体现了当时礼乐传播制度的天、地、人大一统的思想与秩序。

---

❶　周予同. 中国经学史讲义(外二种)[M]. 上海:上海人民出版社,2012:76.

夏之乡学曰"校"。据《孟子·滕文公上》记载:"校者,教也。"此"教"即公孙弘所言"乡里有教"之意。夏的乡学应是"来进行军事训练,从而成为习武的场所"❶。但乡学应不仅仅是教习军事技能,和"射"一样,于习武之中彰显一种礼仪精神。

章嵚先生曰:"学校之设,所以教民,即所以养贤。远古以来,学校更名,数有更革,至夏不曰庠而曰序,大学曰东序,小学曰西序,唯乡学曰校。"❷

夏的学校是继承上代而来,其主要职能在于教民与养贤。此意在今天看来,也不为过时。夏的学校所以教民者,除了上面所讨论之射箭习武、礼仪舞乐之外,伦理教育也是学校教育的重要内容。

夏代的伦理教育是延续尧舜时期而来,上文"六府三事"的"正德",即继承了尧舜时期之"五伦之教"。毛峰先生说:"所谓'正德',即以'五伦之教'(父子有亲、君臣有义、夫妇有别、长幼有序、朋友有信)教化民众,以树立淳正的人民品德。"❸同时,夏代的伦理教育又开启了三代伦理教育的序幕。三代伦理教育,皆以夏代为首,而体现同样的价值与内容。《孟子·滕文公上》曰:"学则三代共之,皆所以明人伦也。人伦明于上,小民亲于下。"夏、商、周三代学校教育的共同之处在于"明人伦"。根据宋儒朱熹对此处的注解:"父子有亲、君臣有义、夫妇有别、长幼有序、朋友有信。此人之大伦也。庠序学校,皆所以明此而已。"由此可以看出,此"人伦"即帝舜之"无伦之教",而夏代学校教育以"五伦之教"为其核心内容。

❶ 孙培青. 中国教育史[M]. 上海:华东师范大学出版社,2009:12.
❷ 章嵚. 中国通史[M]. 北京:东方出版社,2012:240.
❸ 毛峰. 文明传播的秩序——中国人的智慧[M]. 北京:中国传媒大学出版社,2005:105.

夏代的学校除了教民之外，也要"养老"。《礼记·王制》曰："夏后氏养国老于东序，养庶老于西序。"所谓国老一般是指对国家有重大贡献的老年人，而庶老则是平民之中年长而有德望者。养老之意在于尊贤、在于养贤。天子以学校养老而欲使天下皆能尊重贤才，而这些国老、庶老皆德才兼备之人，也能作为老师在学校教育学生。而学生得其传授，其优秀者，又能为国家、为人民服务。老而有贡献者，能养于大学。而乡中有德望之人，也有机会养于大学。如此养贤，造贤循环往复，而国家尊贤爱贤之风气渐渐形成，夏代的礼乐传播制度也随之成熟。上代之养全民，而今始以学校养老而象征之，此文明演进之一大进步也。同时，这也表明，天下人民的基本自养秩序业已建立，而不必圣王事事颁发政令而教之。

社会生活的秩序业已完备，人民皆得"自养"。独社会秩序必有贤人主持，而后能发展，不至于有所损伤。"因为一国之政权，究竟该交付于哪些人，这是第一义。"❶ 故养贤造贤为文明秩序中的重中之重，礼乐传播制度也势必偏重于此。

夏道承虞舜之孝，大禹治水忠利于民。"六府三事"，亦行大禹"忠利之教"。而"夏之大学在国中，取其地近，可尽忠以施教也"。❷ 由此可见，夏代社会教育、学校教育、伦理教育等，其关键还是在一个"忠"字。夏代之礼乐传播制度崇尚忠道，并以忠道教化天下。故班固《白虎通·三教》曰："夏尚忠，忠法人，人以至道教人，忠之至也。"

---

❶ 钱穆. 中国历代政治得失[M]. 北京:生活·读书·新知三联书店,2005:前言第5页.
❷ 黄绍箕,柳诒徵. 中国教育史[M]. 福州:福建教育出版社,2011:39.

第二节 "立教以敬"：
殷商之礼乐传播制度

如果说夏朝以前的历史由于没有充足的地下材料而可怀疑的话，那么殷商的历史，无论从纸上还是从地下的材料来看，都是确定的信史。"自从殷墟发现，确定了商殷的信史。商殷的历史文化，乃成为我上古史的一个中心据点——一个承先启后的据点。所谓"承先"是根据商殷的历史文化，可以推考夏代的历史文化；所谓"启后"是根据商殷的历史文化，可以研究西周历史文化的渊源。❶

与夏代"立教以忠"不同，殷商则"立教以敬"。从上文所引《白虎通·三教》文可知，殷商"立教以敬"正是弥补夏代礼乐传播制度的损失，诚所谓继承中有发展也。

钦崇天道，永保天命

夏桀无道，商汤在伊尹等贤士的辅佐下，发动革命，推翻夏朝，并"放桀于南巢"。商汤由此而开臣民革命之例。柳诒徵先生曾论道："君主世及之制，至夏而定。臣民革命之例，亦自夏而开。"❷ 禹夏之世忠于其事而已，至"汤武革命"发生，君主开始认识到"天命靡常"。天意即民意，违反民意就意味着天命可能发生转移，故要"钦崇天道，永保天命"（《尚书·仲虺之诰》）。钦者，敬也。既然认识到"天命靡常"，天命不会永远眷

---

❶ 陈致平. 中华通史[M]. 贵阳：贵州教育出版社，2013：178.
❷ 柳诒徵. 中国文化史[M]. 长沙：岳麓书社，2011：115.

顾，那么崇敬天道并顺天道而行，是唯一可以延续天命的办法。当然，这也是殷商一代"立教以敬"的内在原因。

殷商"立教以敬"，其"敬"在于尊敬祖先、敬事天地、敬天保民之中。

尊敬祖先表现在殷人"尚鬼"之中。殷人非常信仰鬼神，而"人鬼"一般是指过去的祖先。"殷人的尚鬼，是由于崇拜祖先的观念而来。"❶《尚书》中记载"伊尹放太甲"之事，因太甲不明于祖训，而被伊尹幽禁于桐宫。

> 伊尹作书曰："先王顾諟天之明命，以承上下神祇。社稷宗庙，罔不祇肃。天监厥德，用集大命，抚绥万方。唯尹躬克左右厥辟宅师，肆嗣王丕承基绪。"（《尚书·太甲上》）

以上引文，是伊尹劝谏太甲之辞。其大意是说，先王成汤敬奉天命，以承上下天地人鬼的神祇，时时警醒而不敢懈怠。以此心去奉事那天地神祇社稷宗庙之神，及其祇敬严肃。希望太甲能铭记祖训，承续大业。

伊尹劝谏未果，太甲不承祖训。伊尹以宰相之臣而能放逐一国之君，虽然说明伊尹首先考虑的是天下大义，但更表明尊敬祖先兹事体大，虽一国之君，概莫能外。

殷人之尊敬先鬼，于《尚书·汤征》中亦有明确体现。《书序》云："葛伯不祀，汤始征之，作《汤征》。"然《汤征》之文已遗失，不见于今古文《尚书》。《仲虺之诰》云："乃葛伯仇饷，初征自葛。"商汤征伐葛伯之名义，正是在于葛伯无道，废其先祖之祀。太甲之不承祖训是太甲之不孝，乃商族内部之事。而汤讨伐葛伯，则反映出商朝对祖先信仰的普遍价

---

❶　陈致平. 中华通史[M]. 贵阳：贵州教育出版社，2013：188.

值追求。汤征葛伯，是其经营天下开始。祖先信仰是商汤的根本信仰，并以此号召天下。柳诒徵先生论道："殆由葛伯主张无鬼，不以祭祀祖先为然。而汤则以祖先教号召天下，故因宗教不同而动兵戈。其后之以岁为祀，亦以明其注重祀事，更甚于夏也。"❶ 由此可见，敬事祖先，在殷商被视为一种祖先教，是其立国之本。殷人之"尚鬼""信巫"皆本自其敬事祖先而来。

殷人敬事祖先，当然是希望基业永远延续下去。其背后则反映着殷人对天命的深深眷恋。如上文所言，敬事祖先关键在于敬守祖训，不忘祖先的恩德。如伊尹劝谏太甲曰"奉先思孝"就是这个意思。祖先依靠其德行获得天命，并就天子之位。祖训即祖先赖以获取天命的基本原则，敬受祖训往往意味着天命会长久延续。而不敬祖训，丢弃获取天命的基本原则，则天命自会发生转移。天命与祖先是不可分割的整体，故曰"钦崇天道，永保天命"。此天道就是祖先获取天命的基本道德原则。"殷贤伊尹告诫商王太甲时，将敬拜天地、祭祀鬼神与仁爱百姓并列为三，足见宗教信仰在殷商政治生活中的突出地位。"❷

> 伊尹申诰于王曰："呜呼！唯天无亲，克敬唯亲。民罔常怀，怀于有仁。鬼神无常享，享于克诚。天位艰哉！"（《尚书·太甲下》）

天命或予或夺初无定向，并不常亲特定之人。天命只亲近敬崇天命的人。民众亦如是，只会感怀于有仁德的君主。君主失德，民亦得而反叛之。

---

❶ 柳诒徵. 中国文化史[M]. 长沙:岳麓书社,2011:128.

❷ 毛峰. 文明传播的秩序——中国人的智慧[M]. 北京:中国传媒大学出版社,2005:117.

鬼神也如此，只会降福于敬事祖先之人。在此，天命、民心与祖训完成整体的统一，三位一体。这是中国古典政教思想的精华。天位持守非常艰难，需要上崇天命、下顺民心、内敬祖训。

天命虽则上天赋予，然天意却依民心而定。商汤讨伐夏桀时说道："非台小子敢行称乱。有夏多罪，天命殛之。"（《尚书·汤誓》）不是商汤要灭夏桀，而是天命要绝夏运。然而，天命无言，何以体现呢？体现在夏民对夏桀的诅咒上："时日何丧，予及汝偕亡！"这是民意的呼声。夏桀残暴无道，民意要灭之，天命自要转移。何以天命要转移到商汤呢？自然也是民意的体现。孟子说得很清楚。

> 汤始征，自葛载。十一征而无敌于天下。东面而征，西夷怨，南面而征，北狄怨。曰："奚为后我？"民之望之，若大旱之望雨也。归市者不止，芸者不变，诛其君，吊其民，如时雨降，民大悦。《书》曰："徯我后，后来其无罚！"（《孟子·滕文公下》）

天命之所以转移到商汤身上，是因为"民之望之，若大旱之望雨也"。民众不堪夏桀暴政，而商汤征伐之，自然报以欢迎的态度。但事情不止于此，商汤征伐夏桀，关键还在于"归市者不止，芸者不变，诛其君，吊其民"。这反映了商汤的德行，商汤不是犯上作乱，而是恭行天罚。柳诒徵先生论道："汤之所以非称乱者，以其非以己之私利私害图夺桀位，而力求有功于民也。"❶

商汤的征伐夏桀，是为民请命。天命顺从民意，商汤之有天下是自然而然之事情。在这里，我们可以看出殷人的"敬天保民"思想与追求。敬

---

❶　柳诒徵. 中国文化史［M］. 长沙：岳麓书社，2011：117.

天就是顺从天道，而保民则是顺从天道的方法。君主能保民者，就是有道之主，就是顺从天意，就能福泽绵延。

> 汤曰："此天子位，有道者可以处之。天下非一家之有也，有道者之有也。故天下者，唯有道者理之，唯有道者纪之，唯有道者宜久处之。"（《逸周书·殷祝》）

天下之大，唯有道者居之。君主能"保民"就是有道。所谓保民者，使民得安其所安也。汤之伐桀，"归市者不止，芸者不变"，是民皆得其安之表现。民得其安，安于所安，此"养民"之善政。"保民"就是"养民"，而"养民"就是顺从天命。

夏代之前，君主皆"教民以自养"，而"养民"之政皆忠于其事而已，未与"天命"结合。至商汤开启臣民革命，天命靡常，"常厥德，保厥位"。君主常存道德，才能保住其位，天命才会眷顾如初。故欲保天命必自"养民"始，"养民"之善政正式成为"永保天命"的必要条件。因此，"钦崇天道"是殷商礼乐传播制度的起点与关键所在。

"钦崇天道"作为殷商礼乐传播制度的思想根源，必以某种特定的方式教化民众，并传播开。《礼记·表记》曰："殷人尊神，率民以事神，先鬼而后礼。"据考证，"此说与考古所呈现的商代文化整体相符。甲骨文显示，殷人生活几乎无日不占、无事不卜。"❶ 殷人"尊神事鬼""信巫好占"的社会风气，无疑是其"钦崇天道"的教化传播。殷商毕竟继承夏代而来，对前代"忠孝"精神的继承是应有之义。并且，"在所有的神灵中，祖先神是

---

❶ 李山. 先秦文化史讲义[M]. 北京：中华书局，2008：40.

殷人祈祷的主要对象。"❶ 由此可见，作为中华文明根本的"孝"道，在殷商时代同样具有最重的位置。这是变化中的不变。并且，殷人把"这种天地之崇拜、人鬼的崇拜观念，构成殷人忠敬的思想"。❷"忠"的思想延续夏代而来，而"敬"的思想是殷商所本。中华文明就如滚雪球一般，其精神内涵越来越大。直到西周，再加上"文"之秩序，如此，"忠""敬""文"三位一体，中华文明之礼乐传播制度便迎来了第一座巅峰。

殷商之文字与典册

礼乐传播制度作为一种文明秩序进行传播，文字与典策是其媒介和手段。而殷商之文字早已成熟，其书籍典册也早已普遍应用。

殷墟的发掘是中国文明的一件大事。殷墟地下文物的发现，让殷商时代成为确定的信史。其中，最重要的发现当数甲骨文和青铜器。今天，我们所见的殷商文字，一种刻在甲骨之上，称作甲骨文。还有一种刻在青铜器上，称作金文。其他的还有刻写在陶器及玉器上的文字。从安阳出土的16万多片甲骨文来看，卜辞记录有160多万字，所用的字，据1965年出版的《甲骨文编》统计，单字数量达4672个。其中，已经辨认的字，据高明《古文字类编》所收，已有1072个。❸

汉字发展到甲骨文，已经很成熟了。从甲骨文的构造来看，它们已经是单音独体，已经从图画的形态，慢慢走向了复杂的组织。文字构造的"六书"标准，即象形、会意、指事、形声、转注、假借，甲骨文均已具

---

❶ 晁福林. 中国古代史(上册)[M]. 北京:北京师范大学出版社,1994:122.

❷ 陈致平. 中华通史[M]. 贵州:贵州教育出版社,2013:188.

❸ 孙培青. 中国教育史[M]. 上海:华东师范大学出版社,2009:13—14.

备。据陈致平先生推断，甲骨文完全建立了现代中国文字的典型，这绝不是原始文字，也绝不是从商朝才开始发明的。我们看了这样进步的文字，可断定其有上千年的历史，则文字最早发明应当是在黄帝时代，或比黄帝时代更早。❶ 这种推断明显是合乎情理的。这也表明，黄帝时代仓颉造字并不仅仅只是个传说，而是具有相当大的历史真实性。更乐观地推测，仓颉造字也是一个里程碑事件，那么汉字的起源当在黄帝之前，将伏羲的画卦作文看作文字的真实起源，应不算太过分的事情。这是因为"文字的发明固然不是某个人的发明，但将零零散散的发明创造汇集成为系统，整体提高并使之传播，是要有一定程序，也需要一批专门人员的"❷。仓颉造字，已具备"六书"造字法之其四。仓颉应看作那个汇成系统的人。汇成系统并整体提高，不仅需要一定程序，更需要一定长的时间。故文字起源在仓颉之前的推测，应是合理的。

成熟的文字系统既是教育发展的结果，又是教育与文化传播推进发展的利器。文字的历史有多久，文字记载的历史就有多长。据考证，殷商时期，已存在用于书写的毛笔。"在一些甲骨和陶器上，都可以看到用毛笔书写的朱墨字迹。"❸ 成熟的文字系统、便捷的毛笔书写方式，以及各种书写媒介的开发，为殷商时期书籍典册的出现提供了充足的基础。《尚书·多士》记载："唯殷先人，有册有典。"根据考古出土的情况，"从卜辞内的典册字样和典册上抄录下来的文字来看，殷朝是有典有册，正符合《书经》所说'唯殷先人有册有典'的话。"❹

---

❶ 陈致平. 中华通史[M]. 贵阳:贵州教育出版社,2013:184.

❷ 李山. 先秦文化史讲义[M]. 北京:中华书局,2008:41.

❸ 孙培青. 中国教育史[M]. 上海:华东师范大学出版社,2009:14.

❹ 同❶:184—185.

可惜的是，殷商典册一般为竹木媒介，相比甲骨、青铜器而言，更易于腐烂。故殷商典册多不存，但可以证实其真实存在。文字系统的成熟、典册的广泛使用，为殷商时代教育提供了充分而完善的条件。而殷商的学校教育及其制度更加依赖于此。

殷商之学校制度

殷商的学校制度是虞夏学校制度的继承与延续。章嵚先生曰："学校之设，所以教民，即所以养贤。远古以来，学校更名，数有更革，至夏不曰庠而曰序，大学曰东序，小学曰西序，唯乡学曰校。商则以序为州遂之学名，而大学易名右学，小学易名左学。"❶ 殷商的学校与虞夏的学校一样，所以教民，所以养贤。但两代的学校，名称却有所更易。

虞夏、殷商的学校，皆有国学与乡学之分别。国学又有大学与小学之分别。殷商之大学称作右学，其小学称为左学。

> 殷人设右学为大学，左学为小学，而作乐于瞽宗。（《礼记·明堂位》）

殷商的大学在西郊，而小学在国中王宫之东。《礼记·王制》篇曰："殷人养国老于右学，养庶老于左学。"根据郑玄之注："右学，大学也，在西郊。左学，小学也，在国中王宫之东。"

《白虎通·三教》曰："殷尚敬，敬法地，地道谦卑，天之所生，地敬养之。"按柳诒徵先生的说法："殷之大学在郊外，所以示谦卑也。"❷ 夏商大学

---

❶　章嵚. 中国通史［M］. 北京：东方出版社，2012：240.

❷　黄绍箕，柳诒徵. 中国教育史［M］. 福州：福建教育出版社，2011：39.

之所以位置有所更易，是因为立教之宗旨不同。殷商"立教以敬"，敬法地道，设大学在西郊以示谦卑之意，此乃天、地、人大一统思想的体现。周予同先生则认为："这种地点设置的不同，无甚关系，不过表示各朝对于方位远近的尊尚的习惯的差异而已——或者用这种习惯的差异可以推断各朝自有其不同的民族。"❶ 这一看法虽不无道理，但对中华文明的延续性、整体性，以及天、地、人大一统的思想显然有所低估。

国学中分为大学与小学，实际上是依据年龄划分了教育阶段。"从有大学、小学或右学、左学之分，表明商代已根据不同年龄，提出不同的教育要求，实际划分了教育阶段。"❷ 教育阶段的划分是教育制度成熟的重要标志。从事物的发展性和渐进性上来看，西周完备的教育制度可以反推殷商教育制度的较高发展程度。

殷商的国学与虞夏的国学同样具有教学与养老的双重任务。殷商的国学，以修习礼乐为主。

> 凡三王教世子，必以礼乐。乐所以修内也，礼所以修外也；礼乐交错于中，发形于外，是故其成也怿，恭敬而温文。（《礼记·文王世子》）

礼乐为国学设立的重要学科。国学之教授官，据柳诒徵先生推定，乃"乐官之有道有德者，而其详不可考矣"。❸ 根据《礼记·明堂位》："瞽宗，殷学也。"瞽宗为殷商之大学，其名字显然与礼乐紧密相关。故殷商之国学，主要学习礼乐，其中教师为乐官，当是确定的事情。而且，殷商"尚

❶ 周予同. 中国经学史讲义(外二种)[M]. 上海：上海人民出版社，2012：77.

❷ 孙培青. 中国教育史[M]. 上海：华东师范大学出版社，2009：15.

❸ 黄绍箕，柳诒徵. 中国教育史[M]. 福州：福建教育出版社，2011：40.

鬼"，崇尚祭祀。祭祀活动对礼乐的要求甚高、甚严。祭祀活动的普遍性又要求贵族乃至平民对礼乐内容有所掌握。故殷商时代之教育，礼乐教育是其重要内容，称殷商"以乐造士"。

根据考古发现，在甲骨中发现有不少练字的骨片，据郭沫若先生推定，这些骨片应是商代教学的实际物证。❶ 而数学为日常需要，理应成为教育的内容。由此可见，书数教育也是国学之内容。

观甲骨文的内容，君王田猎内容亦多见。据柳诒徵先生推断："殷之尚猎，盖缘尚武之风。自汤以来，极重武力。"❷

汤曰："吾甚武。"号曰武王。（《史记·殷本纪》）

汤之初作囿也，以奉宗庙鲜犝之具，简士卒，习射御，以戒不虞。（《淮南子·泰族训》）

从以上记载可以看出，射御之术在殷商备受重视与推崇。在此背景下，国学教习射御是理所应当之举。

殷商的教学，兼有礼乐、书数、射御，已经具备西周以后"六艺"教育之风貌。

除了"六艺"教学以外，国学也"养老"。《礼记·王制篇》记载："殷人养国老于右学，养庶老于左学。"参见夏之"养老"可知，所谓国老一般是指对国家有重大贡献之老年人，而庶老则是平民之中年长而有德望者。养老之意在于尊贤、在于养贤。天子以学校养老而欲使天下皆能尊重贤才。而这些"国老""庶老"皆德才兼备之人，也能作为老师，在学校教育学生。而学生

---

❶　孙培青. 中国教育史[M]. 上海：华东师范大学出版社，2009：16.
❷　柳诒徵. 中国文化史[M]. 长沙：岳麓书社，2011：127.

得其传授，其优秀者，又能为国家、人民服务。老而有贡献者，又能养于大学。而乡中有德望之人，亦有机会养于大学。如此养贤、造贤循环往复，而国家尊贤、爱贤之风气渐渐形成，殷代之礼乐传播制度也随之完善。

夏殷国学皆有"养老"，即其礼乐传播制度的继承与延续，又反映出"孝"在中华文明中的"一以贯之"。孔子曰："夫孝，德之本也，教之所由生也。"❶ "孝"是中华文化的核心价值与内在追求，自虞舜明"孝"以来，至于殷商，乃至于后世，其地位亘古未变。"孝"是个体、家族、国家、文明得以绵延不断的根本。中华文明数千年绵延不断，其唯"孝"乎？因此，自虞舜以来，孝道一直是中国古典礼乐传播制度的核心内容。而学校的"养老"，正是孝道的一种体现。古人云："上老老而民兴孝。"❷ "养耆老以致孝。"❸ 此之谓也。由此可见，学校"养老"以"兴孝"、以"致孝"是中国古典礼乐传播制度的通则。

与夏代一样，殷商也有乡学。乡学是地方学校，是"平民所入的学校"❹。殷商之乡学称为序、庠。《孟子·滕文公上》："殷曰序。"《汉书·儒林传》："殷曰庠。"

殷商乡学之所以称为序和庠序，正是表明其教学内容之故。《孟子·滕文公上》："庠者，养也；序者，射也。"乡学教育内容以修习射御和养老为主。此意也可从虞夏时代找到佐证。"庠"本为虞舜之礼乐传播场所，用于养老；而"序"在夏时则为国学的称谓，因夏"以射造士"，故夏的国学称作序。"序"的教学重在习射。

---

❶ 见《孝经·开宗明义章》。

❷ 见《礼记·大学》。

❸ 见《礼记·王制篇》。

❹ 周予同. 中国经学史讲义(外二种)[M]. 上海:上海人民出版社,2012:76.

殷商时代，国学与乡学之间同样有上下流通的机制。乡学的学生"如后儒所解释，得选其俊秀者升于国学的大学"❶。关于国学与乡学的关系，上文已作详细论述，参见"夏之学校制度"内容。

傅说论学：学以逊志与教学相长

之所以说殷商礼乐传播制度发达，还有一个原因是商朝武丁的宰相傅说有专门教育思想与方法论述。傅说之教学思想与方法的出现，标志着中国古典礼乐传播制度发展到了一个新阶段。

专门论学自傅说开始。这说明，傅说时礼乐传播制度已经成熟，而专门的教育思想与方法开始从庞大的礼乐传播理论体系中独立出来。中国古典礼乐传播制度从此走上了更专业、更细化的新时代。

傅说是武丁的宰相，据《尚书》记载，殷高宗即位后，思贤若渴，梦见贤人，而旁求于天下。最终得贤人于傅险，举以为相，此为一段古史佳话。傅说论学的内容，记载于《尚书·说命》。《尚书·说命》分为上、中、下三篇。其中第三篇《说命下》，记录了傅说与殷高宗武丁论学的对话。

傅说论学主要体现在三个方面：学当师古、学以逊志和教学相长。

学当师古是指学习首先要汲取古人的经验与智慧，不可师心自用而任意妄为。

> 说曰："王！人求多闻，时惟建事，学于古训，乃有获。事不师古，以克永世，匪说攸闻。"（《尚书·说命下》）

---

❶　周予同. 中国经学史讲义（外二种）[M]. 上海：上海人民出版社，2012：77.

依据《尚书正义》之解释，其大意如下：王者求多闻以立事，学于古训，乃有所得。事不法古训而以能长世久存，傅说未有所闻。

学习就是要"多闻"。"多闻"便是要全面了解事物，以帮助自己立事能考虑周全。古训是先人长期经验与智慧的结晶，是接近真理的学问。故学于古训，能真正对自己有所补益。"古训"更是先人获取天命的箴言，学习并遵循古训，意味着获取"永保天命"的钥匙；反之，如果不学古训，那么这把钥匙就会丢失，天命就会转移。古训还是大一统文明绵延的必需。只有学习并遵循古训，不同时代之文明能保持内在的稳定的统一，该文明才能不致偏转、断裂或者灭亡，才能稳定地延续下去。对于今人而言，我们学于古训，就是全面继承中华民族优秀文化传统。唯有如此，中华文化才能续接、绵延和发扬光大。因此，对于某种文明体而言，学习与遵循本身的文化传统，学习古训是该文明体教育之第一义，当然也是其礼乐传播制度之第一义。

学以逊志，亦见于傅说之言。傅说曰：

> 唯学逊志，务时敏厥修乃来。允怀于兹，道积于厥躬。（《尚书·说命下》）

据《尚书正义》："逊者，顺也"。据张居正《尚书直解》："逊，是谦逊。逊志，是自逊其志。时敏，是时时机敏。"其大意：为学要谦逊，又务必要时时用心，敏捷以求。如此，天长日久，信守此学习方法，天下道理会源源不断地积聚到自己身上。

宋代大儒朱熹则认为，逊志、时敏是为学之两端。朱熹曰：

> 逊顺其志，捺下这志，入那事中，仔细底心下意，与他理会。

若高气不伏，以为无紧要，不能入细理会得，则其修亦不来矣。既逊其志，有须时敏，若似做不做，或作或辍，亦不济事。须是逊志又务时敏，则厥修乃来。为学之道，只此两端而已。（《朱子语类》卷七十九）

朱子对此发挥可谓淋漓尽致矣。"逊志、时敏，实为学之要法。"❶ 逊志、时敏，乃为学之两端。两端缺一不可，为学者应执其两端，而求"中"乎？

教学相长，本出自《礼记·学记》。

虽有佳肴，弗食，不知其旨也；虽有至道，弗学，不知其善也。是故学然后知不足，教然后知困。知不足，然后能自反也，知困，然后能自强也。故曰：教学相长也。《说命》曰："教学半。"其此之谓乎？（《礼记·学记》）

可见，教学相长是对"教学半"的解释。而"教学半"则出自傅说之口，《尚书·说命下》之中：

唯教学半，念终始典于学，厥德修罔觉。（《尚书·说命下》）

教者，教也。《尚书正义》曰："教人然后知困，知困必将自强，唯教人乃是学之半，言其功半于学也。于学之法，念终念始，常在于学，则其德之修渐渐进益，无能自觉其进。言日有所益，不能自知也。"

对于"教学半"之思想，明朝儒臣张居正发挥道：

---

❶ 黄绍箕,柳诒徵.中国教育史[M].福州:福建教育出版社,2011:46.

　　学而无教，故昧于向往，而不得其为学之方；若教而不学，则徒为讲论之虚文，而其学亦终无所得矣。所以为学之道，一半要人指教，一半要自己去勤学，教学相须，然后学可成也。❶

　　以上所论，乃傅说之教育思想。据《竹书纪年》记载："武丁六年，命卿士傅说视学养老。"据柳诒徵先生推断，"疑傅说为相兼典学校，故其诏高宗之言，多以教学为主。"❷ 并以为"傅说以终始典学规高宗，此殷之所以中兴也"❸。由此可见，傅说的教育思想的伟大。

第三节　"立教以文"：西周之礼乐传播制度

　　武王伐纣，革故鼎新，开启了西周王朝。对于礼乐传播制度而言，殷商"立教以敬"，而西周则"立教以文"。有学者对此发挥道："周人兴起，将殷人'敬事鬼神'之宗教主义，一举提升为'天人相亲'的人文主义，率先在世界各民族中实现'哲学的突破'，为中华民族在古典世界中遥遥领先于其他民族奠定了伟大的精神基础。"❹

　　西周"立教以文"的核心在于其礼乐制度的创制和确立，就是所谓的"礼教"。从本质上讲，"礼教"是一种以礼乐为核心的文明秩序。孔子曰："兴于诗，立于礼，成于乐。"❺ 礼发于心，乐成于外，这一文明秩序反映了人类内在之美与外在之美的和谐统一。

---

❶　张居正. 尚书直解[M]. 北京：九州出版社，2010：137.
❷　黄绍箕，柳诒徵. 中国教育史[M]. 福州：福建教育出版社，2011：48.
❸　黄绍箕，柳诒徵. 中国教育史[M]. 福州：福建教育出版社，2011：48.
❹　毛峰. 文明传播的秩序——中国人的智慧[M]. 北京：中国传媒大学出版社，2005：117.
❺　见《论语·泰伯》篇。

"三代学制，唯周大备"。❶ 经过夏商时代的发展，西周之学校制度趋近于成熟，有后儒认为西周存在星罗棋布的学校网络，此言虽或溢美之词，但也在一定程度上反映了西周学校制度的发达。

西周学校制度发达，平民与贵族皆可获得受教育的机会。学习成绩优秀的俊逸之士可以通过严格的选举程序而进入仕途，此即后人所称之"学而优则仕"。由此，官员知识水平得以极大提升，而西周文明之"郁郁乎文哉"，实有赖于此。

西周礼乐制度细致而完备，家庭教育与女子教育同样不可或缺，特别是女子教育之存在，体现了西周礼乐传播制度的开放、平等与伟大。

礼教兴盛

周人为后稷，名弃，后稷是称号，弃为帝舜之农官。《尚书·尧典》记载："弃，黎民阻饥，汝后稷，播时百谷。"❷ 据《史记》记载："后稷之兴，在陶唐、虞、夏之际，皆有令德。"❸ 至周文王时，文王"积善累德"，天下向之，"三分天下有其二"。周人自后稷开始，一种修德爱民，最终"武王伐纣"，而顺利地开创了周朝八百年之基业。"盖文王，周公皆尚文德，故周之治以文为主。"❹

西周初建，受祸于"三监之乱"。国虽立，天下未平。周公结合天下大势，汲取历代圣王治世经验，创制了符合时代发展的文明秩序——西周礼乐文明秩序，从而拉开了西周"立教以文"的礼乐传播制度的序幕。对于

---

❶　黄绍箕，柳诒徵. 中国教育史[M]. 福州：福建教育出版社，2011：49.

❷　见《尚书·尧典》。

❸　见《周本纪》。

❹　柳诒徵. 中国文化史[M]. 长沙：岳麓书社，2011：150.

礼乐制度创立之背景与意义，毛峰先生精辟地论述道："周建立之初，面对于夏、殷国土一倍以上的广阔疆域，以及四方诸侯觊觎中央权力的种种政治不利局面，由武王发起、周公设计完成了一场影响深远的政治革命，即伟大的封建制度、礼乐制度的全国推行，不仅迅速稳定了全国政局，更进而锻造出古典文明最优雅、最精致的宪政秩序、大一统文明传播秩序——西周礼乐体系。"❶

礼乐制度为周公而作，或者说是由周公主持制定的。《尚书大传·康诰》记载："周公居摄三年，制礼作乐，周公将作礼乐，优游之三年不能作，君子耻其言而不见从，耻其行而不见随。将大作，恐天下莫物品知也。将小作，恐不能扬父祖功业德泽，然后营洛，以观天下之心，于是四方诸侯率其群党，各攻位于其庭。周公曰：'示之以力役且犹至，况导之以礼乐乎?'然后敢作礼乐。"

周公制作礼乐文明秩序，并非凭虚臆造，而是继承殷商以前之文明礼乐精华，结合西周社会自身实际，苦心孤诣设计制作的。孟子曾叹美周公曰："周公思兼三王，以施四事。其有不合者，仰而思之，夜以继日；幸而有得，坐以待旦。"❷ 钱穆先生说："周王朝新起，要融合二代的风俗制度，加以厘定，使确可实行而又能达到他的理想。其中斟酌断制，当然煞费苦心。"❸ 由此可见，中华文明三代承续的内在统一性。

"周之文化，以礼为渊海，集前古之大成，开后来之政教。"❹ 而"西周礼乐政教之良制美意，备载于儒家六经之《周礼》《仪礼》《礼记》中，'三

---

❶ 毛峰.大一统文明[M].北京：知识产权出版社，2014：174.

❷ 见《孟子·离娄下》。

❸ 钱穆.黄帝[M].北京：生活·读书·新知三联书店，2012：135.

❹ 柳诒徵.中国文化史[M].长沙：岳麓书社，2011：153.

礼'经晚周秦汉儒生整理而成，上古中华文明的独特文明观念与国家体制、社会风俗，均呈露无疑。"❶

　　然由于时代久远，后人对"三礼"是否为周公所作，存有疑问。其间争论，不作详述。然清朝的皮锡瑞有中肯之论："《礼经》十七篇为孔子所定，其余盖出孔子之后，学者各有记闻。而亦必当时实有此制度，非能凭空撰造。"❷针对于托古改制之说，柳诒徵先生则认为，"三礼"乃"康、昭、穆以来王官世守之旧典，以之言西周文化，固非托古改制之比也"。❸

　　西周的礼乐秩序庞大而绵密，作用于一切生活活动。举凡社会、人生之活动，皆受礼教之制约。可以说，"周朝的社会秩序，是建立在礼教上。也可以说，周人以教为政，以礼为法。所以后人常称周人为'礼治'。周人之礼制，极完密，极复杂，举凡国家、宗族与个人的一切行为，与人相互接触之道，都纳之于礼。这种礼仪的规定又与封建宗法相配合，而构成一套细密的秩序。"❹由此可见，西周的礼教趋于兴盛，而臻于礼治之顶峰。

　　与殷商"尚鬼"之宗教主义不同，周人的礼教是天人相亲的人文主义，《礼记·表记》曰："周人尊礼好尚施，事鬼敬神而远之，近人而忠焉。"周人的文化继承了夏代之"忠"，汲取了殷商之"敬"，而发明创制了"文"。故曰，西周文化是集"忠、敬、文"于一身，合三代文化的大成。

　　西周的"文"，便表现在其绵密、繁复而完整的礼教之上。《礼记·檀弓》曰："经礼三百，威仪三千。"周礼的内容十分广泛，其基本内容则涵盖在"五礼"之内。据《周礼·春官·大宗伯》记载，"五礼"是指吉、凶、

---

❶　毛峰. 大一统文明[M]. 北京：知识产权出版社，2014：175.

❷　见皮锡瑞《礼经通论》。

❸　柳诒徵. 中国文化史[M]. 长沙：岳麓书社，2011：157.

❹　陈致平. 中华通史[M]. 贵阳：贵州教育出版社，2013：212.

宾、军、嘉。吉礼是祭祀之礼，祭祀天地、地祇与鬼神（祖先）。凶礼是丧葬之礼，包括死丧、灾荒、军败、瘟疫等。宾礼是外交之礼，包括天子、诸侯间往来、朝觐等。军礼乃行军见阵之礼。嘉礼则是生活之礼，主要有冠礼、婚礼、射礼与饮酒礼等。

礼涉及生活的方方面面，此规范能使人类自别于禽兽，明道德仁义，决嫌疑是非。人类正是要通过这"礼"的规范而"自养"，而达成一种美好和善的文明秩序。《礼记·曲礼》曰：

> 夫礼者，所以定亲疏，决嫌疑，别同异，明是非也。……道德仁义，非礼不成。教训正俗，非礼不备。分争辩讼，非礼不决。君臣上下，父子兄弟，非礼不定。宦学事师，非礼不亲。班朝治军，莅官行法，非礼威严不行。祷祠祭祀，供给鬼神，非礼不诚不庄。是故圣人作，为礼以教人，使人以有礼，知自别于禽兽。（《礼记·曲礼上》）

由此可见，礼是一种文明秩序。周公制作此文明秩序，教化民众，使民众皆能遵行此美善秩序，天下一片和谐景象。圣人之意，仍是要建立一种民间秩序，此民间秩序一旦建成，而礼便为法。"以礼为法"，人间是非之裁决，必不待于朝廷教令的强制，而决之以"礼"。如此，民众得以自养其中。故礼者，圣王制作而教民，民得自养的文明秩序。由此可见，此间仍然延续着自伏羲、黄帝、尧舜以来，圣王"教民以自养"的礼乐传播思想与制度，中华文明万年绵延不绝，有赖于此也。

礼教兴盛的表现还在于"君子"人格的养成。如果说礼制是一有机体，那么君子便是其中健康的细胞。

人生十年曰幼，学。二十曰弱，冠。三十曰壮，有室。四十
曰强，而仕。……博闻强识而让，敦善行而不怠，谓之君子。
（《礼记·曲礼上》）

君子"敦善行而不怠"，是礼教秩序的信仰者、实践者与传播者。而君
子养成的路径，又显示了礼教的秩序与规范。礼教之兴盛，与以礼乐秩序
而养成之君子密不可分。而实际上，中国古典礼乐传播制度的精华正在于
把贵族塑造成君子，而抵消贵族之权势附带的天然的戾气。由于三代"天
命靡常"，贵族之地位又会发生变化，平民亦可以修成君子以跻身贵族之
列。特别是春秋战国时期，由于贵族的整体没落，作为平民阶级之"士"
阶层迅速崛起，而成为君子之表率。而士则被顾颉刚先生称为"贵族之最
低阶层"。但实际上，士又可能是平民阶层学而优者。两者对照，可以得出
一个结论，就是平民阶层与贵族阶层存在一定的相互流通性，并非"楚河
汉界"不可逾越。

总之，"周文化完成了礼乐由鬼神世界向人文世界的转化。"❶ 西周"立
教以文"，实质上是把自伏羲以来的礼乐教化制度发扬光大了。"周代礼乐
的真正价值尚不在它的繁文缛节，而在它所表现的精神秩序，以及尊老敬
贤、慎终追远的意识。"❷

因此，《周礼》为周代文化生活最重要的典据，也为后代的向导。对于
为政家的模范，永受世人之尊重，殆无可疑。其于国民之礼乐传播，实居
重大的位置，以陶冶后代的国民，具有非常的势力。❸

---

❶ 李山. 先秦文化史讲义[M]. 北京：中华书局，2008：84.
❷ 陈致平. 中华通史（第1册）[M]. 贵阳：贵州教育出版社，2013：215.
❸ 柳诒徵. 中国文化史[M]. 长沙：岳麓书社，2011：233.

西周之学校制度

西周礼乐之兴盛正是有赖于其学校制度之完备。作为夏商学校制度的继承与延续，西周的学校制度趋于完备。故柳诒徵先生曰："三代学制，唯周大备，内自邦畿，外暨国服，等级厘然，规制缜密。"❶ 西周时代，由于封建制度的形成，与之相匹配的学校制度也随之形成。从西周封建制度之细密完备程度可以推知，西周的学校制度必在全国推行，更乐观地估计，应存在一张全国学校普及网络。

《礼记·学记》曰："古之教者，家有塾，党有庠，术有序，国有学。"❷ 根据《礼记正义》："术，当为'遂'。党属于乡，而遂在远郊之外。"

《周礼·大司徒》曰："五家为比，五比为闾，四闾为族，五族为党，无党为州。无州为乡。"《周礼·遂人》又曰："五家为邻，五邻为里，四里为酂，五酂为鄙，五鄙为县，无县为遂。"由此可见，家、党、术（遂）皆地方组织也。各级地方组织皆有学校，故"其学校之数之多，亦非后世所及"❸。当然，"国有学"，即中央也有其学校也。

西周时期，与夏商时期不同，中央与地方皆有严密而完备的学校制度。周代学校亦有国学、乡学之别，国学、乡学又各自有大学、小学之分。据柳诒徵先生考证：

> 国之大学，犹今之京师分科大学；乡之大学，犹今之省会高等学校；其小学则犹今之中小学校。国之小学隶属于国之大学，

---

❶ 黄绍箕,柳诒徵. 中国教育史[M]. 福州:福建教育出版社,2011:49.
❷ 见《礼记·学记》篇。
❸ 柳诒徵. 中国文化史[M]. 长沙:岳麓书社,2011:169.

乡之小学隶属于乡之大学，乡之大学又隶属于国之大学。❶

由此可见，西周的学校制度果然是"等级厘然，规制缜密"。这种学校制度的设计，自然体现了西周封建制度的特点，即西周封建制度实为"联邦大一统时代"❷。

西周的乡学，可以称为乡遂教育。在西周时代，乡遂直接隶属于天子，而行自治。乡遂是地方自治，故乡遂教育就是地方教育。根据《礼记·学记》："古之教者，家有塾，党有庠，术有序，国有学。"❸ 地方教育有家塾、党庠、州（遂）序、乡学四种。

西周的乡学由大司徒统摄管理。《周礼·乡大夫》曰：

> （乡大夫）各掌乡之政教禁令。正月之吉，受教法于司徒，退而颁之于其乡吏，使各以教其所治，以考其德行，察其道艺。❹

大司徒为地方教育的教官，专门负责地方教育的实施，而乡大夫等地方官吏协助之。据《周礼注疏》解释："乡大夫于司徒受得教法，遂分与州长以下至比长。"❺ 由此可见，乡以下皆得其教也。乡学教育之内容分为三类，称为"乡三物"。乡大夫以"乡三物"教万民，遂考校其万民中有六德六行的贤者。

《周礼·大司徒》曰：

---

❶　黄绍箕,柳诒徵. 中国教育史［M］. 福州:福建教育出版社,2011:66.

❷　毛峰. 大一统文明［M］. 北京:知识产权出版社,2014:206.

❸　见《礼记·学记》篇.

❹　见《周礼·地官司徒·大司徒》篇.

❺　李学勤. 十三经注疏·周礼注疏(竖排繁体)［M］. 北京:北京大学出版社,1999:348.

以乡三物教万民而宾兴之。一曰六德：知、仁、圣、义、忠、和；二曰六行：孝、友、睦、姻、任、恤；三曰六艺：礼、乐、射、御、书、数。

"乡三物"就是乡学学校教育的三个科目，即六德、六行与六艺。据《周礼注疏》卷第十曰："大司徒之职，掌建邦之土地之图与其人民之数，以佐王安扰邦国。"❶ 大司徒明辨地利之用，施民"十二教"而使民知地利之常。此处正反映出"教民以自养"的古典礼乐传播制度的精髓。《周礼·地官司徒·大司徒》曰：

> 因此五物者民之常，而施十有二教焉：一曰祀礼教敬，则民不苟。二曰以阳礼教让，则民不争。三曰以阴礼教亲，使民不怨。四曰以乐礼教和，则民不乖。五曰以仪辨等，则民不越。六曰以俗教安，则民不偷。七曰以刑教中，则民不虣。八曰以誓教恤，则民不怠。九曰以度教节，则民知足。十曰以世事教能。则民不失职。十有一曰以贤制爵，则民慎德。十有二曰以庸制禄，则民兴功。（《周礼·地官司徒·大司徒》）

"五物"即山林、川泽、丘陵、坟衍、原隰。"五物"是五等地理的状况。俗语云：一方水土养一方人。"十二教"就是因应地理环境的不同而施行教化，使万民皆得其安。此处"教民以自养"之意明显。故大司徒的教化，实际上是构建了一个在不同环境下万民皆得"自养"的生活与文明秩序。可以说，大司徒主掌民间教化，就是"以十二教之文明大一统传播秩序，晓谕万民以公共生活的准则、规矩，构成了一个极其绵密而完善的文

---

❶ 李学勤. 十三经注疏·周礼注疏（竖排繁体）[M]. 北京：北京大学出版社，1999：284.

明教化、社会公德教育的博大体系"❶。

乡学不但体现出养民之意，其养老之意也显而易见。据《礼记正义》坚贞曰："古者仕焉而已者，归教于闾里，朝夕坐于门，门侧之堂谓之塾"。❷ 又根据《白虎通》曰："古之教民百里皆有师，里中之老有道德者，为里右师，其次为左师，教里中之子弟以道艺、孝悌、仁义也。"可以推知，致仕之老臣或乡中之耆老教于乡学之中，乡学便是教学之所，也为养老之地，两者相得益彰。西周乡学的养老乃顺承虞夏学校制度而来，虽经朝代更迭，其宗旨却不变如初。这也是上文所学的古典礼乐传播制度的宗旨。

据《尚书大传》："穧锄已藏，祈乐已入，岁事已毕，余子皆入学。"可见，乡学之学生称为"余子"。乡里之人，农事完毕后，"余子"皆进入乡学学习。

> 余子亦在于序室。八岁入小学，学六甲五方书计之事，始知室家长幼之节。十五入大学，学先圣礼乐，而知朝廷君臣之礼，其有秀异者，移乡学于庠序；庠序之异者，移国学于少学。（《汉书·食货志》）

余子，庶子也。或曰，未任役者为余子。按颜师古的注解，幼童皆当授业，不论嫡庶。柳诒徵先生推论说："乡、遂之民凡未受役者，无不如学也。"❸

---

❶ 毛峰. 大一统文明[M]. 北京:知识产权出版社,2014:210.
❷ 李学勤. 十三经注疏·礼记正义(竖排繁体)[M]. 北京:北京大学出版社,1999:1227.
❸ 黄绍箕,柳诒徵. 中国教育史[M]. 福州:福建教育出版社,2011:69.

根据《礼记·学记》："古之教者，家有塾，党有庠，术有序，国有学。"❶ "闾里之塾，小学也；州党之序，亦小学也。"❷ 余子八岁所入当为家塾，家塾也就是乡学的小学。州党之序相比家塾可称大学，对比乡庠则可称小学。根据《食货志》引文意，十五岁所入的大学，应为州党之序。自然，对比而言，乡之庠为乡学的大学。

可见，西周学校制度不分贵贱，平民之子弟，即"余子"，八岁进入家塾，即乡学之小学。家塾所学主要是生活的必备技能及家庭伦理；至十五岁进入大学，开始学习礼乐的秩序、为政的知识，为进入仕途做准备。其中成绩优异者，可以升入乡庠。乡庠中成绩优异者，可升入国学的小学。

西周的国学由大司乐等乐官执掌。《周礼·春官宗伯下》曰："大司乐掌成均之法，以治建国之学政，而合国之子弟焉。"据《周礼注疏》的解释，"成均是五帝之学，周人以成均学之旧法式，以立国之学内政教也。"❸

国学有大学和小学之分。《礼记·王制》曰：

> 天子命之教，然后为学。小学在公宫南之左，大学在郊。天子曰辟雍，诸侯曰泮宫。

据周予同先生考证，西周大学，"分五院：中曰辟雍，亦曰太学，周环以水；水南为成均，亦曰南学；北曰上庠，亦曰北学；东为东序，又称东胶，亦曰东学；西曰瞽宗，又称西雝，亦曰西学。"❹

---

❶ 见《礼记·学记》篇。

❷ 黄绍箕，柳诒徵. 中国教育史[M]. 福州:福建教育出版社,2011:71.

❸ 李学勤. 十三经注疏·周礼注疏(竖排繁体)[M]. 北京:北京大学出版社,1999:674.

❹ 周予同. 中国经学史讲义(外二种)[M]. 上海:上海人民出版社,2012:78—79.

柳诒徵先生曰："周之大学备五代学制，立五学于南郊。"❶ 西周大学存在五学，也可征之于《大戴礼记·保傅》：

> 帝入东学，上亲而贵仁。入南学，上齿而贵信。入西学，上贤而贵德。入北学，上贵而尊爵。帝入太学，承师而问道。

孙诒让对此曾做过精辟之论述：

> 大学有五，皆在南郊。其五学之方位，北为上庠，东为东序，西为瞽宗，从古无异论，唯成均与辟雍之所在，异论多，然以中央为辟雍、其南为成均之说为正。《大戴礼记·保傅》篇之五学，是对小学而言，五者皆大学。单谓大学之时，则指中央之辟雍。因为其他四学为国子肄业之所，中央之辟雍则是天子所居。(《周礼·正义》)

大司乐的职位，"以现在的制度比附，大概等于教育部部长兼校长。"❷当然，此校长为大学的校长，兼职教授。大学之教师有大胥、小胥和诸子等。

> 大胥掌学士之版，以待致诸子。(《周礼·大胥》)
>
> 小胥掌学士之征令而比之，觥其不敬者。(《周礼·小胥》)

三代学校皆有养老之意，故大学之教授必有"国老"。《礼记·王制》曰：

---

❶ 黄绍箕,柳诒徵. 中国教育史[M]. 福州:福建教育出版社,2011:66.
❷ 周予同. 中国经学史讲义(外二种)[M]. 上海:上海人民出版社,2012:80.

> 周人养国老于东胶，养庶老于虞庠，虞庠在国之西郊。（《礼记·王制》）

> 凡养老，有虞氏以燕礼，夏后氏以乡礼，殷人以食礼，周人修而兼用之。五十养于乡，六十养于国，七十养于学，达于诸侯。（《礼记·王制》）

> 凡有道者有德者，使教焉，死则以为乐祖，祭于瞽宗。（《周礼·大司乐》）

"国老"一般为致仕的耆老，其道德学问十分深厚。国老七十致仕，养老于"学"，"学"即国学的大学。"东胶""瞽宗"，也是国学的大学。天子于学校中养老，有尊老敬贤之意，而国老又能发挥"余热"。其中，"有道有德者"，有精通礼乐者，教于大学之中。可见西周之大学有教、养双重含义，故学校制度秉持古典礼乐传播制度的核心思想。

国学的大学，其教学内容以乐德、乐语、乐舞为主。《周礼·春官宗伯下·大司乐》曰：

> 以乐德教国子：中、和、祗、庸、孝、友。以乐语教国子：兴、道、讽、诵、言、语。以乐舞教国子：《云门》《大卷》《大咸》《大韶》《大夏》《大濩》《大武》。以六律、六同、五声、八音、六舞大合乐，以致鬼神示，以和邦国，以安万民，以安宾客，以悦远人，以作动物。（《周礼·春官宗伯下·大司乐》）

国学的小学，由乐师、师氏、保氏等执掌。柳诒徵先生曰："王朝掌教育之官曰师氏、保氏、乐师则掌小学教育者也。"[1] 小学的教师除了乐师、

---

[1] 柳诒徵. 中国文化史[M]. 长沙：岳麓书社，2011：185.

师氏、保氏等以外，还包括"庶老"。因为"庶老"六十养于国，国即国中的小学。小学的教学养老与大学相同。

小学的乐师所教授内容是"小舞"。《周礼·乐师》曰："乐师掌国学之政，以教国子小舞。"根据《周礼注疏》，小舞"谓以年幼少时教之舞。与大司乐教《云门》以下之大舞相对而言"❶。在此，亦可知乐师所教小学也。

小学的师氏所教授内容为"三德""三行"。《周礼·地官司徒·师氏》曰：

> 师氏，掌以媺诏王。以三德教国子：一曰至德，以为道本；二曰敏德，以为行本；三曰孝德，以知逆恶。教三行：一曰孝行，以亲父母；二曰友行，以尊贤良；三曰顺行，以事师长。(《周礼·地官司徒·师氏》)

根据《周礼注疏》："师氏教世子以君臣、父子、长幼之事，而晓之以德，今诏王亦晓之以德也。"❷ 也就是说，师氏通过教育世子以"三德""三行"，进而影响天子能尊德重行。

小学之保氏所教授内容为"六艺""六仪"。《周礼·地官司徒·师氏》曰：

> 保氏，掌谏王恶。而养国子以，乃教之六艺：一曰五礼，二曰六乐，三曰五射，四曰五驭，五曰六书，六曰九数；乃教之六仪：一曰祭祀之容，二曰宾客之容，三曰朝廷之容，四曰丧纪之容，五曰军旅之容，六曰车马之容。(《周礼·地官司徒·师氏》)

---

❶　李学勤.十三经注疏·周礼注疏(竖排繁体)[M].北京:北京大学出版社,1999:701.
❷　同❶:410.

　　根据《周礼注疏》："保氏以礼仪谏正王也，是教世子法保护王身同，使王谨慎其身而归于道。"❶ 也就是说，保氏教世子"六艺""六仪"的礼仪，用以劝谏天子能正礼容、尊王道而崇道德也。

　　根据以上所引文献，可知国学之学生一般称作国子。国子入学的年龄，主要有三种说法。对此，周予同先生有严谨的考证：

　　　　国学入学年龄的规定，约有三说。一说，主八岁入小学，十五岁入大学。《大戴礼记·保傅》篇说：八岁而就外舍，学小艺，履小节；束发而就大学，学大艺，履大节。《白虎通义·辟雍》篇、《汉书·食货志》及《春秋公羊传》宣十五年何休注等从之。二说，十三岁入小学，二十岁入大学。《尚书大传》说：公卿之太子、大夫元士之适子，十有三岁始入小学，见小节，践小义；二十岁入大学，见大节，践大义；此两说的不同，马端临《文献通考》以为因为天子的世子与公卿大夫元士的适子身份不同的缘故。他以为公卿以下的子弟未便即入天子之学，所以先学于家塾，直到十三岁，才入师氏所掌教的小学；若天子，则别无科学，所以世子八岁便入小学。这或者也是理由。三说，主十岁入小学。《礼记·内则》篇说：十年出就外傅，学书计，朝夕学幼仪。十有三年，学乐，诵诗，舞勺。成童（十五以上），舞象，学射御。二十而冠，始学礼，舞大夏。❷

❶ 李学勤.十三经注疏·周礼注疏（竖排繁体）[M].北京:北京大学出版社,1999:416.
❷ 周予同.中国经学史讲义（外二种）[M].上海:上海人民出版社,2012:80—81.

对于国学入学年龄的争议，柳诒徵先生则认为，"天子、诸侯十五已冠矣。十五而冠，故十五而入大学；士、庶人二十而冠，故二十而入大学"❶。是入大学以"冠"为标准也。

尽管对国学入学的具体年龄有所争议，但还是能表明西周天子、公卿贵族乃至平民皆要受教育的普及性。天子、诸侯、公卿、大夫、士、庶人虽阶级不同，但不分贵贱，皆能受到教育。《礼记·王制》曰："凡入学以齿。"《礼记正义》注："皆以长幼受学，不用尊卑。"❷ 故柳诒徵先生曰："周人八岁入小学，无贵贱，一也。王大子、诸侯之大子，入宫南之左之小学；公卿、大夫、士之子，入四郊之虞庠。"❸

平民子弟非但能入家塾，也有一定机会进入国学的大学。《礼记·王制》曰："王大子、王子、群后之大子，卿、大夫、元士之适子，国之俊选皆造焉。"其中，据《礼记·王制》："命乡论秀士，升之司徒，曰选士。司徒论选士之秀者而升之学，曰俊士。"由此可见，"国之俊选"是指"平民中的优秀分子"❹，乃由司徒经过选拔而进入大学。

小学之学程应为七年。《礼记·学记》曰：

> 比年入学，中年考校。一年视离经辨志，三年视敬业乐群，五年视博习亲师，七年视论学取友，谓之小成。九年知类通达，强立而不反，谓之大成。夫然后足以化民易俗，近者悦服，而远者怀之。此大学之道也。（《礼记·学记》）

---

❶ 黄绍箕,柳诒徵. 中国教育史[M]. 福州:福建教育出版社,2011:73.
❷ 李学勤. 十三经注疏·礼记正义(竖排繁体)[M]. 北京:北京大学出版社,1999:472.
❸ 黄绍箕,柳诒徵. 中国教育史[M]. 福州:福建教育出版社,2011:72.
❹ 孙培青. 中国教育史[M]. 上海:华东师范大学出版社,2009:19.

据《礼记正义》："'比年入学'者，为年年恒入学也。'中年考校'者，'中'犹间也。谓每间一岁，乡遂大夫考校其艺也。"**❶** 也就是说，年年都要入学，并且每隔一年考察所学成绩。"七年视论学取友，谓之小成"说明学子已经成年，可以讨论学问的是非，可以选择善友。小成，可以视作小学毕业。而根据上文所讨论的入学年龄，无论是八岁入小学、十五岁入大学，还是十三岁入小学、二十岁入大学，其年限间隔都是七年。由此可见，小学的年限应为七年。

"九年知类通达，强立而不反，谓之大成。"九年以后，"学者专强独立，不有疑滞，不再违失老师所教之大道"**❷**，达到了大成境界。大成，即学者已能独立出师了，可以视作大学毕业。从七年小成到九年大成，其中年限间隔为两年，大学的年限或为两年。柳诒徵先生则以为，九年皆为大学学程，"是大学学年凡九年也。"**❸**

西周为农业社会，自然其教育活动也要"敬授人时"。根据天、地、人大一统的思想来设计教学活动，也是中国古典礼乐传播制度的应有之义。教学活动以时令之不同，其所学内容及学习地点皆随之发生变化。《礼记·文王世子》曰：

> 凡学世子及学士必时，春夏学干戈，秋冬学羽籥，皆于东序。小乐正学干，大胥赞之。籥师学戈，籥师丞赞之。胥鼓南。春诵夏弦，大师诏之。瞽宗秋学礼，执礼者诏之。冬读书，典书者诏之。礼在瞽宗，书在上庠。凡祭与养老乞言，合语之礼，皆小乐

---

❶ 李学勤. 十三经注疏·礼记正义(竖排繁体)[M]. 北京:北京大学出版社,1999:1228.

❷ 同**❶**。

❸ 黄绍箕,柳诒徵. 中国教育史[M]. 福州:福建教育出版社,2011:73.

正诏之于东序。大乐正学舞干戚，语说，命乞言，皆大乐正授数。

大司成论说在东序。（《礼记·文王世子》）

四时皆有所宜，故大学的教学依天地四时的秩序而设计。这反映了周人人事顺应自然秩序、天人合一的思想，表现了西周礼乐传播制度的完密。举凡教学、祭祀、养老等教学活动，皆得有序开展。同时，其"大学的分科教学有一定时间、固定场所、专职人员负责"，也表明了西周大学制度、乃至整个学校制度之成熟与完善。

学而优则仕：古典礼乐传播制度之"三统合一"

西周时代，"学在官府"。西周的国学由大司乐执掌，乡学则由大司徒统领。"凡百学校，罔不直辖于官师。"❶

官师既是培养人才的教官，又是考评、选拔人才的"伯乐"。西周的人才培养、人才选拔，乃至官员选举，皆统一于其学校制度之中。这一制度是西周"立教以文"的关键，是西周社会"崇善慕学"的根本。而"促成制度运行、王道教化的关键，在于兴学选材的教育学术制度、官吏任命制度，以造就全社会礼义廉耻之基本道德观念、文明准则，以及全民上下崇善慕学的体制、风气"❷。

《礼记·王制》曰：

> 司徒修六礼以节民性，明七教以兴民德，齐八政以防淫，一道德以同俗，养耆老以致孝，恤孤独以逮不足，上贤以崇德，简

❶ 黄绍箕,柳诒徵. 中国教育史[M]. 福州:福建教育出版社,2011:73.
❷ 毛峰. 大一统文明[M]. 北京:知识产权出版社,2014:178.

不肖以绌恶。命乡简不帅教者以告。耆老皆朝于庠，元日习射上功，习乡上齿。大司徒帅国之俊士与执事焉。不变，命国之右乡，简不帅教者移之左。命国之左乡，简不帅教者移之右，如初礼。不变，移之郊，如初礼。不变，移之遂，如初礼。不变，屏之远方，终身不齿。命乡论秀士，升之司徒，曰选士。司徒论选士之秀者升之学，曰俊士。升于司徒者不征于乡，升于学者不征于司徒，曰造士。（《礼记·王制》）

司徒主掌乡学，以上引文是乡学的人才培养、选拔、惩治情况。扬善必先抑恶，对于"不帅教者"，黜退而移之于远方，若三次不变其恶者，其人则终身不受官府录用。"终身不齿"之齿，"齿犹录也"。❶

乡大夫考查推荐的优秀学者，称为"秀士"；推荐给司徒而又被司徒接纳的"秀士"称作"选士"；司徒推荐"选士"的优异者，进入国学，称为"俊士"；这些乡学之士，升于司徒的也不再隶属于乡大夫，升于国学的也不再隶属于司徒，而称为"造士"。"其乡遂之士未能升于司徒的，上则为府吏，次为胥，次为徒役于乡。"❷

"造士"升于国学，与"国子"同等，而受乐正教育。《礼记·王制》曰：

乐正崇四术，立四教。顺先王诗、书、礼、乐以造士。春、秋教以礼、乐，冬、夏教以诗、书。王大子、王子、群后之大子，卿、大夫、元士之适子，国之俊选皆造焉。凡入学以齿。（《礼记·王制》）

---

❶ 李学勤. 十三经注疏·礼记正义（竖排繁体）[M]. 北京：北京大学出版社，1999：472.

❷ 黄绍箕，柳诒徵. 中国教育史[M]. 福州：福建教育出版社，2011：83.

"凡入学以齿"，据《礼记正义》解释："皆以长幼受学，不用尊卑。"❶ "国之俊选"即乡学选拔出来的优秀的俊士、选士，在国学中于王子、公卿等贵族并无待遇差别。由此可见，西周时代，贵族与平民具有流通性，不存在天然不可逾越的鸿沟。此外，还有一些平民升于贵族之例证，如殷商之伊尹、傅说，西周之姜尚等。

国学的选举方式与乡学类似。不同的是国学的选拔，优秀者可以直接任以官爵。由此，平民也能上升为大夫，所谓"有选举、无世卿"也。《礼记·王制》曰：

> 将出学，小胥、大胥、小乐正简不帅教者，以告于大乐正，大乐正以告于王。王命三公、九卿、大夫、元士皆入学。不变，王亲视学。不变，王三日不举。屏之远方，西方曰棘，东方曰寄，终身不齿。大乐正论造士之秀者，以告于王，而升诸司马，曰进士。司马辨论官材，告于王，而定其论。论定，然后官之。任官，然后爵之。位定，然后禄之。大夫废其事，终身不仕，死以士礼葬之。（《礼记·王制》）

据《礼记正义》："出学，谓九年大成学止也。"❷ 九年学成时，要考查所学的成绩。对不接受礼乐教化者，加以处置；屡教不改者，放逐远方，终身不得录用。大乐正的官论造士之中最优异者，以告于王，而升名于司马，叫做进士。所谓进士，就是进受爵禄之士。司马则辨才授官，长于礼者，则拟任礼官，长于乐者，则拟任乐官。如果能堪任其官，则定其爵位。再

---

❶　李学勤.十三经注疏·礼记正义（竖排繁体）[M].北京：北京大学出版社，1999：472.

❷　同❶。

根据其爵位，确定其俸禄之高低。若不堪任大夫，致仕而退至终老，死则葬以士礼。

如此可见，造士是可以上升为大夫的。平民与贵族的流通可见一斑。国子虽可以直接进入国学，但其"辨才授官"则与造士资格相同。柳诒徵先生曰："凡国子之未仕者，悉隶于司马也。世卿之子，各世其职，故无取乎乡举里选，而其资格与俊造同；其在大学通曰学士，在学则隶春官，群萃则归司马，文事武备并蓄兼收，而后任以政，俾无陵越之羞，此周先王造士之深意也。俊造之定论于司马，疑亦与国子相同。"❶

西周时期，平民通过乡学教育，成绩优异者进入国学，可谓"学以造士"；国子与造士，通过国学学习，成绩优异者可以辨才授官，可谓"学优而仕"。在此，学、优与仕完美地统一起来了。学是根本，是关键；仕是目标，是效果；优则是选拔标准和选举制度。

如果说学表示道德统系（道统）、仕表示宪政文官统系（政统）、优表示学术教育系统（学统），那么西周的古典礼乐传播制度就是道统、政统、学统的完整统一。中国古典礼乐传播制度至此臻于大成境界。当然，西周文明也因此而辉煌灿烂、"郁郁乎文哉"！诚如毛峰先生所论：

> 司徒、司乐掌邦教，从乡学中选拔俊秀之士，以诗书礼乐教育之，称"国学""太学""辟雍"，三公九卿等王侯卿相亦皆入国学受造，秀士学成后，司徒推荐给司马，称进士；司马委任其一定管理职务，胜任且优秀者，则荐之国君、天子，由天子、诸王最终授官定爵。如此，仁义道德、诗书礼乐之"道统"，乡学、司徒、乐正、朝廷，普选天下秀士、卿大夫涵养之"学统"，与司徒

---

❶ 黄绍箕，柳诒徵. 中国教育史［M］. 福州：福建教育出版社，2011：84.

推荐于司马，司马试用后推荐给国君、天子，最后以品德才学决定一人进身录用，授官晋爵之"政统"一起，三统合一，遂一举奠定中华文明不重阶层、出身，唯重品德、才学之伟大"宪政文治主义"任官制度和人才选拔制度，不仅确保中国社会各阶层之上下流动、彼此约束、共同追求品德才学；更确保了中华文明在古典时代，挺拔秀出于其他古典文明，永葆其"文质彬彬、郁郁文哉"之文明大一统传播之巨大优势也。❶

"学在官府"，是西周学校制度的前提与基础，也是西周选举制度、宪政文官治理制度的前提与基础，更是中国古典礼乐传播制度的前提与基础。以"学在官府"为前提的西周礼乐传播制度，意味着自伏羲、神农、黄帝、尧舜、夏商以来，圣王"自上而下"礼乐教化秩序的集大成与完整确立。

但古典礼乐传播制度的精髓在于"教民以自养"。西周牢固的"自上而下"礼乐传播制度的确立，只是表明"教民"阶段完成，而"自养"阶段尚未完成。

"学在官府"的原因，据柳诒徵说法，原因有三：其一是唯官有学，而民无学，即民智之不及官也；其二是官有其器，而民无其器。古代学术，如礼乐舞射诸科，皆有器具，以资实习；其三曰唯官有书，而民无书也。西周世官世学，典籍皆藏之秘府，不通民间。❷

以上三个原因，皆表明圣王"自上而下"教化秩序的客观必要性。通过教民阶段的不断推进，民智开化以后，教民阶段才算完成。但由于事物

---

❶ 毛峰. 大一统文明[M].北京：知识产权出版社,2014:178.
❷ 黄绍箕,柳诒徵. 中国教育史[M]. 福州:福建教育出版社,2011:128－129.

存在惯性，即便民智开明，其礼乐传播制度尚不能自行瓦解，尚需有待天时。物质技术的不断进步，使学具生产变得容易；民智的不断开化，使学者有挣脱制度的要求。殷商后期之私学兴起，便是这种向外挣脱之体现。而"教民以自养"精神不断确立，礼乐文明秩序完全内化为全民之文化基因。此时，圣王教化便转化成民间道德、文明秩序的自觉。"学在官府"也就丧失了其存在的客观基础与意义。于是，中国古典礼乐传播制度的"圣王教化"阶段便告完成，西周礼乐传播制度便开始崩溃瓦解，历史上称为"礼崩乐坏"。

"礼崩乐坏"所崩解的不是"道统"，也不是完全的"政统"，所崩解恰恰是连接"道统"与"政统"之间的"学统"。"学统"的崩解就是"学在官府"消失的结果。学术流向民间，官府已不能独占，其附随的"造士、养贤、选举"等制度也随之消解。由于"官吏选举制度"之消解，便引起了所谓的"政统"的强烈巨震，贵族体制随之动摇。但"政统"的精髓，即"宪政文治主义"却保留了下来。所以说，礼崩乐坏崩解的"不是完全的'政统'"，而是其中的一部分，完全没有改变的是"道统"。自伏羲以来，圣王先贤之道德仁爱、忠孝信义等道德统系，经孔子之手而流传以下两千多年，至今尚部分体现在"社会主义核心价值观"之中。

礼崩乐坏宣告了中国古典礼乐传播制度第一阶段——圣王自上而下教民阶段的结束；同时，也开启了中国古典礼乐传播制度第二阶段——"素王"道统主导阶段，即孔子之儒家主导下的民间道德自觉与自养阶段。

礼崩乐坏是中国古典礼乐传播制度的分野，是数千年未有的变局。而西周以前"学在官府"与西周之后"学在民间"，是古今礼乐传播制度差异之最大关键。对此，柳诒徵先生论道：

官学世守，为古今教育不同之大关键。周之教育所以盛者，在此；所以衰者，亦在此。盖官学世守，其业专，其心一，食旧德之名氏，父诏而兄勉焉，学术之所由广大也。然典章制度私之一家，传本既稀，沾溉弗远，子孙之秀而灵者，故能保家学而绵世泽；其不贤者，则数典而忘，如籍氏之弗克负荷，则继志善教，必难忘之他族之人。且教育一掌于官，则必待帝王之督率。有文、武、成、康之圣主，则庠、序、学、校蔚然可观，数传之后，主德不修，师、保氏之官即旷厥职，矧其为里、闾、族、党之下吏？故教育普及，必不可专恃官吏，使人民懵然莫知所自为谋。古代埃及印度，文教非不甚盛，迨其后国既不振，学术亦从而日衰者，亦由国家阶级之制甚严，司教学者非凡民所得与也。❶

"世官世学"，虽然可以世代相传，但家族人数有限，必有不得其人之时。若不得其人，其学便面临危难断绝。若一意"学在官府"，则又必待帝王圣明、官吏尽职。若不得其人，文教必走向衰败。

自伏羲至西周，圣王教化主旨便是"教民以自养"。世官世守、学在官府，是不得已的阶段，因为上古先民尚未开化，必待以"先知觉后知、先决觉后觉"。此先知先觉者，就是"圣王"。圣王教化之目的是人民能够自养。诚如父母养育儿女，必教以成人之法，长大后能自己生活。一旦儿女长大，必将独立出去自行谋生。圣王教化也是如此。等人民"开明"以后，圣王便不再"专恃教育"。故圣王自上而下礼乐传播万民，是中国古典礼乐传播制度的必由之路。而此制度之"自我解构"因子也一开始便已产生，这一解构因子便是民以自养。等民众开明，自养条件成熟后，原有秩序便

---

❶ 黄绍箕,柳诒徵. 中国教育史[M]. 福州:福建教育出版社,2011:130—131.

完全被解构。这种解构是中华文明能在西周以后顺利延续的关键。因为这种解构使古典礼乐传播制度更加开放，把原有之风险完全释放了出去，既保留了文明赖以绵延的"道统"，又把文明的希望寄托在广阔无垠的民间土壤上，而不是寄托在"一朝一代一帝王"之上。从此，中华文明更加生机盎然，郁郁葱葱，奔流不息。反观之埃及、印度，正是一直"学在官府"，没能及时作出解构和改变，文明的风险便无限积聚，最终消亡无存。对比可见，中华古代圣王的深谋远虑；同时，也可以看出以"教民以自养"为精髓的中国古典礼乐传播制度的博大精深。

第五章　轴心时代：晚周古典礼乐
传播制度之崩溃与重生

晚周春秋战国时期，根据德国思想家卡尔·雅斯贝尔斯在《历史的起源与目标》一书中的说法，本书称为"轴心时代"。

至西周而完备的中国古典礼乐传播制度，由于多重因素的综合诱发，终于在晚周时期走向了崩溃之路。这是历史发展的必然，它预示了西周礼乐传播制度已经完成了自身的历史使命。而这一历史使命就是自伏羲以来的"圣王教化下民"的使命。这一历史使命结束的标志就是所谓的"王纲解纽，礼崩乐坏"。

西周礼乐传播制度的关键在于学在官府，而自殷商以来的"私学"，在西周中央政府的一再失德下，加速了自身发展的进程，同时也加速了"学在官府"崩溃的速度。这从根本上瓦解了以"学在官府"为根基的西周礼乐传播制度。一种秩序的瓦解总需要一个过程，然后慢慢过渡成另一种秩序。"学在官府"的崩溃，也是一个长期的过程。在这个过程之中，中国特有的士阶层开始随着私学之兴盛而迅速崛起。钱穆先生认为："士一阶级，乃由贵族阶级堕落，或由平民阶级晋升而成的一个中层阶级。"❶著名学者余英时则同意顾颉刚有关"士为低级之贵族"的论断。❷ 笔者以为，学在官府的崩溃初期，士主要是"低级之贵族"；而随着学术流向民间的进程深入，平民学者崛起而为士的主流。这是一个变迁的过程，而非固化的状态。至战国时期，平民学者的崛起使学在民间完全取代了学在官府。诚如钱穆先生所论："平民学者之兴起，更为当时社会一大变迁。那些平民学者，代替贵族阶级掌握了学术文化知识上的权威地位。战国时代各国一切武职文职，上及首相统帅的崇高地位，几乎全落到这辈新兴的平民学者所谓士的手里。"❸ 可见，此时士阶层完全掌握了原本由贵族掌握的学术统系（道统），以"学在官府"为根基的西周礼乐传播制度彻底崩溃，以"学在民间"为根基的中国古典礼乐传播制度正式涅槃重生。

　　但是，一种秩序的崩溃不一定能产生新的更好的替代秩序，它的另一个方向可能是整个文明秩序的消亡。西周礼乐传播制度的崩溃同样也不例外。毛峰先生说："礼乐政教秩序的崩溃，引起人们对固有文明价值与传播秩序的深刻怀疑与价值紊乱。道德的堕落与权术思想的盛行，表明道与术的巨大分裂，预示着文明的深度崩解。"❹ 这种"深刻怀疑与价值紊乱"可能导致一种否定传统价值的冲动，而一旦这种否定传统的冲动形成社会整体的行动，文明将不可避免地趋于毁灭。是以孔子在中华古典文明处于危难之中，删述六经，挽狂澜于既倒，给迷乱欲倒的中华文明指明了一个正确的方向。因此，孔子是文明的传承者，是文明的再造者，更是中国古典

❶　钱穆. 国史新论[M]. 北京：生活·读书·新知三联书店，2005：9.
❷　余英时. 士与中国文化[M]. 上海：上海人民出版社，2003：7.
❸　同❶.
❹　毛峰. 大一统文明[M]. 北京：知识产权出版社，2014：255.

礼乐传播制度之"再生父母"。对此，辜鸿铭先生写道："孔子对中华民族的一大贡献，就在于他抢救出了中国文明的蓝图。"❶

第一节　私学兴起："学在官府"的崩溃

西周的礼乐传播制度，"学在官府"，官师合一。至春秋时期，"天子失官，学校不修"，"学在官府"开始走向崩溃。"学在官府"的崩溃，既是古代礼乐传播制度发展的必然，也是文明进程发展的必然。但无疑，私学的兴起，是促进"学在官府"崩溃的关键因素。

从伏羲至西周，中国古典礼乐传播制度是圣王自上而下教化万民的文明传播体系。此时，民智未开，礼义秩序还未养成，人类的生活需要"先知先觉"之"圣王"加以劝导与规范。这是一个长期的过程，其目的在于"教民以自养"，也就是教化民众，开化民智，养成社会礼义秩序，最终民众能自治于礼义秩序之内，自养于文明社会之中。这是一个文明礼义秩序养成的过程，也是渐渐挣脱圣王教化的过程。在这个制度中，从一开始便存在着解自身的因素，一旦圣王教化完成民智开化的使命，民众便开始挣脱圣王之教化，而能独立自养其中。挣脱圣王教化的过程，就是"学在官府"的解过程，也是私学的兴起过程。

作为圣王教化的内在解构因素，私学的兴起，应如影随形地伴随着学在官府存在的全过程。但事物存在渐进性，只有在民智开化到一定程度时，私学才能显现出来。据伏生《尚书大传》记载：

---

❶　黄兴涛.辜鸿铭文集(下卷)[M].海口:海南出版社,1996:42.

散宜生、闳天、南宫适三子者，学于太公。太公见三子，知为贤人，遂酌酒切脯，除为师学之礼，约为朋友。(《尚书大传》)

太公即姜尚，为殷商末期人物，说明此时私学已经产生。柳诒徵断道："此虽殷季之事，然私人从师受学，必不始于此。"❶ 观武丁时之傅说、商汤时伊尹，皆下层出身而有大学问者，或可推测私学早已兴起，亦可证柳氏之论恰当。

私学的兴起，虽然发源较早。然而在西周以前，中国古典礼乐传播制度还是以"学在官府"为主导。此时，私学在不断积累之中，但未成大气候。降至春秋，世衰道微，私学开始伴随着"学在官府"的隆隆崩溃声发展壮大起来。

官学衰败的原因，有学者认为有三条。❷ 其一，世袭制度造成贵族不重教育；其二，王权衰落导致学校荒废；其三，战争动乱打破了旧的文化垄断。

实质上，官学衰败的因由更为深远。自伏羲至西周，中国古典礼乐传播制度，圣王教化万民，使之能自明自养。此时，虽圣王居高临下，但"民之所欲，天必从之"，圣王教化亦必以"民之所欲"而为之。虞夏之前，民智蒙昧，只知顺其自然之性，而不知其欲究竟为何，故圣王迭代，而未有革命。夏、商、周三代，民智渐开，圣王教化若不从"民之所欲"，便有"汤武革命"。但此时，民智开化有限，而革命必待开明之君号召，而能行之。至西周，民智大开，若圣王不从"民之所欲"，此时民权日盛，言论自由，乃至于有厉王止谤，而国人暴动，周召二公共和。

---

❶ 柳诒徵. 中国文化史(上)[M]. 长沙：岳麓书社，2012：131.

❷ 孙培青. 中国教育史[M]. 上海：华东师范大学出版社，2009：25—26.

厉王虐，国人谤王。召公告曰："民不堪命矣！"王怒，得卫巫，使监谤者，以告，则杀之。国人莫敢言，道路以目。王喜，告召公曰："吾能弥谤矣，乃不敢言。"召公曰："是障之也。防民之口，甚于防川。川壅而溃，伤人必多，民亦如之。是故为川者决之使导，为民者宣之以言。……"王不听，于是国人莫敢言，三年，乃流王于彘。（《国语·周语》）

周厉王时，庶人可以传语直谏君王，此乃民智开化的迹象。而厉王止谤，庶民流放之，则表明一种民治精神发扬。柳诒徵认为："吾国先哲立国要义，以民为主，其立等威，辨上下，亦以为民，而非为帝王一人或少数武人、贵族欲肆虐而设。故虽未有民主立宪之制度，而实有民治之精神。"❶而这一"民治之精神"，即本书所谓之自养，正是中国古典礼乐传播制度圣王教化追求的终极目标。这一目标于周厉王时，已经趋于实现。此时，君主再不能居高临下，而占据道统之高位，"学在官府"也就失去了其存在的意义。可以这样说，官学的衰败正是由中国古典礼乐传播制度一直培养的自养精神一手促成的。周王室的一再失德是官学衰败的导火索。从此，官学开始走向民间。但与其这样讲，不如说民间私学慢慢侵蚀了官学，并最终于战国时期侵蚀完毕，形成学在民间的主导局面。

私学与官学同根同源，皆是古代圣王一脉相承的道德学术统系。其区别在于，经过漫长的礼乐传播过程，这一圣王道德学术统系由原来的官府所掌握渐渐过渡为后来的民间所掌握。官学合而为一，而私学分而为多，庄子称为"道术将为天下裂"。

---

❶ 柳诒徵. 中国文化史（上）[M]. 长沙：岳麓书社，2012：251.

天下之治方术者多矣，皆以其有为不可加矣！古之所谓道术者，果恶乎在？曰："无乎不在。"曰："神何由降？明何由出？""圣有所生，王有所成，皆原于一。"不离于宗，谓之天人；不离于精，谓之神人；不离于真，谓之至人。以天为宗，以德为本，以道为门，兆于变化，谓之圣人；以仁为恩，以义为理，以礼为行，以乐为和，熏然慈仁，谓之君子；以法为分，以名为表，以参为验，以稽为决，其数一二三四是也，百官以此相齿；以事为常，以衣食为主，蕃息畜藏，老弱孤寡为意，皆有以养，民之理也。古之人其备乎！配神明，醇天地，育万物，和天下，泽及百姓，明于本数，系于末度，六通四辟，小大精粗，其运无乎不在。其明而在数度者，旧法、世传之史尚多有之；其在于《诗》《书》《礼》《乐》者，邹鲁之士、缙绅先生多能明之。《诗》以道志，《书》以道事，《礼》以道行，《乐》以道和，《易》以道阴阳，《春秋》以道名分。其数散于天下而设于中国者，百家之学时或称而道之。

天下大乱，贤圣不明，道德不一。天下多得一察焉以自好。譬如耳目鼻口，皆有所明，不能相通。犹百家众技也，皆有所长，时有所用。虽然，不该不遍，一曲之士也。判天地之美，析万物之理，察古人之全。寡能备于天地之美，称神明之容。是故内圣外王之道，暗而不明，郁而不发，天下之人各为其所欲焉以自为方。悲夫！百家往而不反，必不合矣！后世之学者，不幸不见天地之纯，古人之大体。道术将为天下裂。(《庄子·天下》)

因为古代圣王道德纯一，所以能"配神明，醇天地，育万物，和天下，泽及百姓"。这里正说明古代圣王以一己之力而教化天下，学问自然集中于自身和百官。而后世天下大乱，道德不一，百家皆取圣王道德学问之一隅，虽各有所长，然不能通达，亦不能见天地之纯，古人之大体。因此，"道术将为天下裂"。"道术将为天下裂"正是学术广泛流向民间的生动形象表述。柳诒徵说："古时有圣有王，则学在百官。至春秋时，内圣外王之道不明，则道术分为百家。"❶

对于学术流向民间，庄子认为是道术的分裂，是道德的退化。但反向看来，也可视作百家争鸣，学术兴盛，一种发展的态势。不管如何，"道术将为天下裂"正是"学在官府"礼乐传播制度走向崩溃、中国古典礼乐传播制度从学在官府到走向学在民间的一个形象说明。

第二节　士阶层："学在民间"的载体与固化

私学的兴起，其承担者是所谓的士阶层。换句话说，士阶层是"学在民间"载体。《礼记·王制》曰：

> 乐正崇四术，立四教。顺先王诗、书、礼、乐以造士。春、秋教以礼、乐，冬夏教以诗、书。（《礼记·王制》）

此处，"先王"当指三代。可见，夏、商、周三代，士是中国古典礼乐传播制度培养出来的知识分子。但"当时也只有贵族子弟得受高深教育，平民是享受不到的。偶有特殊英武或聪秀的平民子弟，有时蒙挑选到军队或宫廷里去，这便是所谓士了"❷。在此意义上，顾颉刚认为，"士为低级之

---

❶　柳诒徵. 中国文化史(上)[M]. 长沙：岳麓书社，2012：268.
❷　钱穆. 国史新论[M]. 北京：生活·读书·新知三联书店，2005：9.

贵族"，而余英时以为"'士'在古代主要泛指各部门掌事的中下层官吏"❶，是有其合理性的。

但是，顾颉刚、余英时之说还是有不完整的一面。虽然，夏、商、周三代平民子弟得受高深教育机会有限，但平民的"俊选"与国子贵族皆同等入大学进行深造，平民可以上升为贵族的通道是一直畅通的。士为低级的贵族或中下层官吏，只是反映了一个静态事实，但没有完整表达士产生流通的途径。钱穆先生以为，"'士'的一阶级，是由贵族阶级堕落，或由平民阶级晋升而成的一个中层阶级"❷，应当为恰当定义。

晚周时期，礼崩乐坏，社会秩序急剧变化。这一变化的重要体现就是士阶层的崛起。而士阶层的崛起正是体现在贵族堕落与平民晋升这两个方面上。余英时说："这一变化的最重要的方面是起于当时社会阶级的流动，即上层贵族的下降和下层庶民的上升。由于士阶层适处于贵族与庶人之间，是上下流动的汇合之所，士的人数遂不免随之大增。"❸

其实，贵族与庶人的上下流动，是三代礼乐传播制度一直存在的正常现象。但由于三代礼乐传播制度的牢固，使这一上下流动十分有限，具有一定的稳定性。但随着完整礼乐传播制度的崩溃，这一上下流动的稳定性被完全打破。而打破的主要方向则是"学在官府"的崩溃，学术流向民间，平民学者代替贵族学者而成为学术主流。钱穆先生论道："平民学者的兴起，更为当时社会一绝大变迁。那些平民学者，代替贵族阶级掌握了学术文化知识上的权威地位。"❹

---

❶　余英时. 士与中国文化[M]. 上海：上海人民出版社，2003：6.

❷　钱穆. 国史新论[M]. 北京：生活·读书·新知三联书店，2005：9.

❸　同❶：10.

❹　同❷：9.

由此可见，士阶层的崛起，虽然贵族学者起着官学流向民间的初始传授作用，但更关键的在于平民阶级的晋升。平民学者称为士的主流，意味着"学在民间"的最后完成，是中国古典礼乐传播制度"圣王教化"阶段的结束。从此，士阶层作为学在民间的载体，是学术文化知识的掌舵者，是"道统"的担负者，中国古典礼乐传播制度开始了民间自觉的新阶段。

从《礼记》等典籍中，我们知道"士"一开始就是诗、书、礼、乐知识体系的修习者与承担者。而诗、书、礼、乐知识体系正是圣王之"道"的集合与表现。所以，"士"从一开始便是"道"的承担者。晚周时期，礼崩乐坏，以诗、书、礼、乐为核心的圣王之"道"流向民间，原来的"王官之学"分散为百家之学。百家之学虽然立论不同，"但在表现以道自任的精神这一点是完全一致的。"❶

士阶层这种"以道自任"的精神，源自于夏商西周的礼乐传播体制之中，至晚周时期开始变得更为自觉。诸子百家之学皆出于王官，这一"以道自任"的精神也都沿袭继承下来了。但"以道自任的精神在儒家表现得最为强烈"❷。最著名的"以道自任"精神的阐释来自孔门之曾参。曾子说道：

> 士不可以不弘毅，任重而道远。仁以为己任，不亦重乎？死而后已，不亦远乎？（《论语·泰伯》）（《论语·泰伯》）

曾子所论的，正是士阶层自觉"以道自任"的宣言。这一宣言确立了士阶层的精神独立性，而后来孟子提出的"三就三去"说，则展现了士阶层超越阶级的自主性。孟子说：

---

❶　余英时. 士与中国文化［M］. 上海：上海人民出版社，2003：24.

❷　同❶。

所就三，所去三。迎之致敬以有礼，言将行其言也，则就之。礼貌未衰，言弗行也，则去之。其次，虽未行其言也，迎之致敬以有礼，则就之。礼貌衰，则去之。其下，朝不食，夕不食，饥饿不能出门户，吾闻之，曰："吾大者不能行其道，又不能从其言也，使饥饿于我土地，吾耻之。"周之，亦可受也，免死而已矣。（《孟子·告子下》）

孟子之"三就三去"说，表现了"士能不论穷达都以道为依归，则自然发展出一种尊严感，而不为权势所屈"❶。非但"士"不为权势所屈，更如钱穆先生所论："平民学者兴起，他们并不承认贵族特权。"❷ 由于根本不承认贵族之特权，所以孟子才说：

无恒产而有恒心者，唯士为能。（《孟子·梁惠王上》）

这是一种超越立场。士超越阶级性，无视经济条件的限制，只紧抱着一颗"以道自任"的恒心。这种超越实质上是对权势的超越，其真正的目的与追求在于君主能"乐道而忘势"。孟子说：

乐其道而忘人之势，故王公不致敬以礼，则不得亟见之。见且由不得亟，而况得而臣之乎？（《孟子·尽心上》）

可见，士的理想追求是为"帝王之师"，主张"道尊于势"❸。孟子之"道尊于势"主张，并不只是一个难以实现的理想"乌托邦"，它在一定程

---

❶ 余英时. 士与中国文化[M]. 上海：上海人民出版社，2003：26.

❷ 钱穆. 国史新论[M]. 北京：生活·读书·新知三联书店，2005：9.

❸ 同❶.

度上是春秋以下历史的真实体现。

春秋战国乃大争之世，春秋时，尚多有世卿贵族执政，降至战国，布衣崛起，而"数千年之贵族政治，遂渐转而入于平民之手"❶。钱穆也认为战国时期为士阶层所主导的"游士社会"。他说：

> 春秋封建社会崩溃以后，常由一辈中层阶级的知识分子，即由上层官僚家庭及下层农村优秀子弟中交流更迭而来的平民学者，出来掌握政权，作为社会中心指导力量的这一事实，我们不妨称战国为游士社会。❷

在"游士社会"中，士是社会中心指导力量。这一事实，正说明了孟子"道尊于势"的主张在战国时代得以实现。"以道自任"的士阶层作为社会主导力量得以确认与固化。

战国时代，"四民社会"的产生，正是源自士阶层作为"道统"的担负者的地位确定。"四民社会"之说源自《管子》。钱穆先生认为："中国社会自春秋战国以下，当称为'四民社会'。"❸ 在"四民社会"中，有士、农、工、商四个阶层，而以士为社会各阶层之首，为社会的主导力量。

从西周到春秋战国，"封建社会与四民社会虽有变，而仍有一不变之大传统，此乃吾中国文化精神一贯相承之所在。"❹ 中国古典礼乐传播制度也如此。春秋战国以下，乃"一种纯粹的社会教育或者平民教育"❺。此时，

❶ 柳诒徵. 中国文化史（上）[M]. 长沙：岳麓书社，2012：268.
❷ 钱穆. 国史新论[M]. 北京：生活·读书·新知三联书店，2005：14.
❸ 同❷：39.
❹ 同❷：54.
❺ 同❷：215.

学在民间依然确立。此秩序由士阶层主导，而诸侯王公亦皆认可。由于道统掌握在士阶层手里，并且"道尊于势"得以实现，故而士心所向，便是天下之所趋。

是以战国时期，兴起一股养士之风气。柳诒徵先生论道：

> 战国之君，权势之隆，过于周之天子。即其公卿大臣，亦不下于周之诸侯。徒以养士之风，阴弭贵贱之阶级，而王公大臣之权威，转有不敌匹夫之名誉者。❶

"养士"实际上是对士阶层的一种拉拢或者尊崇，而这种尊崇起到了一种弥合贵族与平民阶级差别的功效，更在社会上起到了一种重"士"而轻"势"的作用，而这正是士阶层所渴望达到的一种状态。

中国古代礼乐传播制度，自从官学衰败以后，学术走向民间，教化的重担便由原来的"圣王"转到士阶层身上。与圣王不同的是，士阶层并无权势。士不能采取自上而下的教化方式。"士"阶层唯有鼓吹"道尊于势"，并通过自己的不懈努力使自己成为社会的中心力量，自己肩负的道统才得以实现，并且传承下去。

士阶层无疑取得了成功。这既得益于自己的智识与担当，又得益于贵族势力的不断消亡，更得益于中国古典礼乐传播制度一直培养起来的道德自觉。"养士"之风，就是天下崇尚"道德学术"的风向标，与尧舜以前之养民、夏商周三代之养老一脉相承。不同的是，养民和养老都是圣王自上而下所为，而养士则是士阶层自下而上努力获取的结果，而养士的风向标作用又自上而下反馈到民间。可见，道统虽然由民间主导，但又不得不通过政统加以实现。

---

❶ 柳诒徵. 中国文化史（上）[M]. 长沙：岳麓书社，2012：323.

在战国时代，由于士阶层社会领导地位的确立，道统终于固化到民间，固化到士阶层身上。自此，中国古典礼乐传播制度便由士阶层主导，而孔子为士的表率，"遂为至圣先师，其在社会之地位，尤高出历代各朝君主以上"❶，此"道尊于势"恒久象征。

第三节 孔子：古典礼乐传播制度之 "再造父母"

士阶层的崛起，使中国礼乐传播制度从"学在官府"走向"学在民间"。这一转变并非坦途，其中充满着荆棘和文明秩序面临毁灭的灾难。这一转变需要一种"上学下达"的文明传承与转化途径，这一途径便是以孔子为代表的平民私家讲学的开辟与兴盛。钱穆先生说："孔子崛起，以一平民，而把以前相传的贵族教育开始转移到平民社会来，开出此下平民讲学之风。"❷ 平民讲学之风自孔子而开辟兴盛，"以后教育，乃脱离政治圈转入社会而自为发展"❸，中国古典礼乐传播制度从此真正开始从"圣王教化"走向"民间自觉"，而促使这一历史性巨变的正是孔子。因此，"孔子在中国教育史上，实亦可称为开天辟地旋转乾坤一伟人。"❹ 可以说，孔子"存亡继绝"，传承伏羲以来之文明，又再造其后两千年文明，是中国古典礼乐传播制度承前启后的关键枢纽，也是中国古典礼乐传播制度涅槃重生的"再造父母"。故柳诒徵论道："孔子者，中国文化之中心也。无孔子则无中

---

❶ 钱穆. 国史新论[M]. 北京：生活·读书·新知三联书店，2005：55.

❷ 同❶：209.

❸ 同❷。

❹ 同❷。

国文化。自孔子以前数千年之文化，赖孔子而传；自孔子以后数千年之文化，赖孔子而开。"**❶** 此当为至评也。

西周降至春秋，礼崩乐坏，世道衰微，以礼乐为核心的中华文明陷入深深的危机之中。《汉书·货殖列传》描述道：

> 周室衰，礼法隳。诸侯刻桷丹楹，大夫山节藻棁，八佾舞于庭，雍彻于堂。夷陵至乎桓、文之后，礼谊大坏，上下相冒，国异政，家殊俗，着欲不制，僭差无极。（《汉书·货殖列传》）

春秋这一变局，正是"官学衰败""道术分裂"所导致的现象。世无不变之局，从学在官府、官师合一走向学在民间，"就中国之全体而论，未始非民智进步之时。"**❷** 然而，所谓"民智进步"并不一定对文明秩序有正面影响，反而可能是文明秩序陷入混乱无序的导线。官学分裂为百家之学，"一曲之士"，各以其所欲自以为方，天下大乱，社会文明也陷入争斗分裂的局面。"国异政，家殊俗"，正是文明秩序分裂混乱的表现。自伏羲以来，经历夏、商、周之中国大一统文明遭遇了千年未有之变局。而维持中华大一统文明的"道德仁义统系（道统）"也遭遇深深的信仰危机。毛峰先生指出："处于晚周礼崩乐坏、宪政废弛、道术分裂的黑暗混乱时代，上至天子、诸侯，下至士人、庶民，无一不以权谋欺诈、彼此欺凌为理所当然。"**❸**

礼乐政教秩序是中国古典礼乐传播制度的核心，也是中华大一统文明的核心。春秋时期，这一秩序的崩溃，"引起人们对固有文明价值与传播秩

---

❶ 柳诒徵. 中国文化史（上）[M]. 长沙：岳麓书社，2012：282.

❷ 同**❶**：252.

❸ 毛峰. 大一统文明[M]. 北京：知识产权出版社，2014：265.

序的深刻怀疑与价值紊乱，道德的堕落与权术思想的盛行，表明道与术的巨大分裂，预示着文明的深度崩解。"❶ 这一秩序的崩解，导致了"自由主义精神"的极度扩张。学在民间，百家争鸣，从智力层面上极大地满足了这种自由主义精神。但传统文明秩序与现实文明的巨大反差，使这一自由主义精神缺乏心灵上的慰藉。这时，"中国人对所有的文明都感到不满，在由这种不满导致的苦恼和绝望中，中国人想推翻和毁灭所有的文明。"❷

　　这是中华大一统文明的黑暗绝望时刻，这是"生命迷茫沉沦、文明土崩瓦解"的关键时刻，更是文明毁灭与否千钧一发的决定时刻。此时，正是孔子奋然决然而出，大声喝道："是可忍也，孰不可忍也！"孔子开始着手"继绝存亡"，挽救奄奄一息的中华大一统文明。

　　孔子虽然看到了自晚周以来礼崩乐坏所造成的文明苦难，但他能深入洞察这一苦难危机的根源。辜鸿铭认为："同样是看到社会与文明所造成的苦难和牺牲，孔子却认为错误不在于社会与文明本身，而在于这个社会与文明的发展方向上，在于人们为这个社会与文明打下了错误的基础。"❸

　　孔子对伏羲以来一贯的中华大一统文明抱有深深的自信，当他见到这一文明即将面临毁灭时，便毅然决然地担负起"继绝存亡"的伟大历史使命。"事实上，孔子终其一生都在努力尝试把社会与文明引入正确的途径，给它一个真正的基础，以阻止文明的毁灭。"❹ 但由于礼崩乐坏的惯性，使整个社会与文明要经历一个漫长的劫难期。孔子周游列国，四处碰壁，不免发出"文不在兹乎"的近乎绝望的感叹。这是孔子的"天命"，孔子在

❶　毛峰. 大一统文明[M]. 北京：知识产权出版社，2014：255.
❷　辜鸿铭. 中国人的精神[M]. 上海：上海三联书店，2010：14.
❸　辜鸿铭文集(下卷)[M]. 海口：海南出版社，1996：41.
❹　同❷：15.

"认命"的同时，又不免发扬那"知其不可为而为之"的伟大精神，为命悬一线的中华大一统文明留存了火种。这个火种便是"六经"。辜鸿铭先生论道：

> 当孔子看到他不能阻止中国文明这个建筑不可避免地毁灭时，他认为他应该保存好图纸和设计，他因此拯救了中国文明的图纸与设计，他们现在被保存在中国人的圣经中——这五本典范之作，被人们称为"五经"。我认为，这就是孔子为中华民族所作出的伟大贡献——他为他们挽救了文明的图纸和设计。❶

孔子奋然以天下为己任，几乎以一己之力挽救了中华文明。"五经"是中华文明的"图纸和设计"，是对自伏羲以来，经神农、黄帝、尧舜、夏商周中华大一统文明的全面梳理与继承。《论语》中记载：

> 颜渊问为邦。子曰："行夏之时，乘殷之辂，服周之冕，乐则韶舞。"（《论语·卫灵公》）

韶舞是虞舜之乐曲，被孔子赞为"尽善尽美"。行夏时，乘周辂，服周冕，则表示对三代文明的全面继承。柳诒徵说："史称其时礼乐废，诗书缺，传自孔子，始可得述。"❷ 由此可见，孔子之著述之功及其文化传承的贡献。

孔子挽救和整理了中华文明的"图纸与设计"，但这尚且不够，必须把这份文明遗产播撒于大众，传扬于民间。其时，官学衰败，私学已经兴起，孔子开始教授弟子。

---

❶ 辜鸿铭. 中国人的精神[M]. 上海：上海三联书店，2010：15.
❷ 柳诒徵. 中国文化史（上）[M]. 长沙：岳麓书社，2012：287.

> 孔子以诗、书、礼、乐教弟子，盖三千焉，身通六艺者七十
> 有二人。(《史记·孔子世家》)

孔子以诗、书、礼、乐教授弟子，明显有"三王造士"之遗迹，是对夏、商、周"三王以诗、书、礼、乐造士"之继承，当然也是对中国古典礼乐传播制度的继承与借鉴。不同的是，孔子以私人身份掌握道统，而三王时代、乃至以前，皆是圣王掌握道统。礼乐传播途径与方式虽有不同，但文明的本性与根基却不曾有所改变。

不曾改变的文明本性与根基正是所谓的中华大一统文明。晚周时期，虽然诸侯割据，但掌握"文明钥匙"的士阶层却"守死善道"，以"天下为一家，以中国为一人"，追求天下为公。这一观念自然也是从西周直接继承而来的。钱穆先生说："平民学者兴起，他们并不承认贵族特权，而他们却忘不了封建制度所从开始的天下，只有一个共主，一个最高中心的历史观念。因此，他们从国际联盟，再进一步而期求天下一家。"❶

孔子为平民学者之最高代表，其追求"天下一家"的观念完整地体现在《礼记·礼运》中。

> 孔子曰：大道之行也，天下为公，选贤与能，讲信修睦。故
> 人不独亲其亲……，是谓大同。(《礼记·礼运》)

这种"天下一家"的理念同样也体现在孔子之礼乐传播思想上，中华大一统文明以文化信仰与认同为标签，而不以种族肤色为区别。而封建贵族的消失，使中国礼乐传播制度亦不分阶级，而完全平等化。

---

❶　钱穆. 国史新论[M]. 北京：生活·读书·新知三联书店，2005：10.

子曰：有教无类。(《论语·卫灵公》)

自行束脩以上，吾未尝无诲焉。(《论语·述而》)

象曰：君子以教思无穷，容保民无疆。(《易·临卦》)

以上，都是孔子礼乐传播公平思想的体现。而这一思想，也正是中国古典礼乐传播制度"教民以自养"精髓的体现。教育人人可以得之，而文明秩序得以养成，民众皆能同此风俗与信仰，必能自洽自养其中矣。正如柳诒徵先生所言："教育之功，至于尽物性，参天地，则不独为一时一世之人群谋矣。吾国古代圣人之思想，常思以人力造天地，其功既见于此数千年之大国，而其义犹未罄万一。后人准此而行，则所谓范围天地，曲成万物者，无不可以实现，正不必以国家人类为界。"❶

孔子非但挽救和传承了中华大一统文明，而且更有最伟大的贡献。"他最伟大的贡献是，在挽救他们文明的图纸和设计时，他对文明的设计做了一个新的集成、一个新的解释。而且在这个新的集成里，他灌输给中国人对于国家的真正概念——这是一个国家的真正而理性、永恒而绝对的基础。"❷

这个"永恒而绝对的基础"，辜鸿铭称为"国家宗教"。国家宗教就体现在孔子所著《春秋》之中，其核心就四个字：名分大义。辜鸿铭把孔子的整个哲学和道德体系称为君子之法。君子之法就是国家宗教的教义。

孔子的国家宗教还是在西周礼乐文明秩序上而发展起来的，是对西周礼法制度的新的集成与阐释。辜鸿铭认为，西周周公礼法是一种"家

---

❶ 柳诒徵. 中国文化史(上)[M]. 长沙：岳麓书社，2012：297.

❷ 辜鸿铭. 中国人的精神[M]. 上海：上海三联书店，2010：15.

庭宗教"。家庭宗教以婚姻契约及其圣礼为核心，从而保证了西周封建家族的稳定性与持久性。"现在，孔子在他教导的国家宗教里，对在他之前已经存在的所谓的家庭宗教，提出了一个新体制。换句话说，孔子在他教导的国家宗教里提出了对君子之法的一个新的、更广泛、更全面的应用。"❶

从前文可知，"君子之道，造端乎夫妇"。伏羲开始因夫妇、制嫁娶，开辟了中华礼乐文明秩序的源头。西周周公制礼作乐，以婚姻契约为核心建构君子之法，是对上古文明的继承、发扬与转化。而孔子建立在周礼基础上，把此君子之法提升到一个更高层次，即在婚姻契约之上更有一种对国家的绝对忠诚。对国家的绝对忠诚，被辜鸿铭称为忠诚契约，体现在《春秋》一书中。

孔子儒家学说的根本在于"忠""孝"二字。

> 君子务本，本立而道生。孝悌也者，其为仁之本与。(《论语·学而》)

家庭宗教之核心在于孝，而国家宗教之核心在于孝。孔子让两者合二为一，既是对古代文明秩序的一种继承，又是对当时文明秩序的一种创见与再造。这是一个新的"文明图纸与设计"，在中国为整个民族所接受与信奉，于是儒学有了宗教意义。"孔子教导的绝对忠诚的神圣责任保证了民族的种族不朽，儒家学说所教导的敬奉祖先的祭仪保证了家族的不朽。"❷ 种族与家族的不朽，让中国人不再感到需要宗教。所以，钱穆说："在中国的

---

❶　辜鸿铭. 中国人的精神[M]. 上海：上海三联书店，2010：14.

❷　同❶：27.

文化体系里，没有创造出宗教。"❶ 但儒学本身却具备深厚的宗教精神。因为儒学肩负着神圣的"道德仁义统系"，而这一统系正是全体中国人信仰并遵从的道德行为准则。宗教往往需要教会来传扬教义，而中国的"道德仁义"传扬的场所却是学校。辜鸿铭说："在中国，学校是孔子的国家宗教里的教会。"❷ 钱穆先生亦道："在中国文化体系中，教育及担负起其他民族所有宗教的责任。"❸

实质上，自孔子时代私学兴盛之后，中国的官办学校始终不占主导地位，"在中国教育史上，其真实具影响力者，多在私家讲学一途。"❹ 孔子所建立的儒家体系，正是一个礼乐传播制度，而这个礼乐传播制度始终以国家宗教、君子之法为核心，其主导权也牢牢地被掌握在民间。中国古典礼乐传播制度自孔子后，学在民间一直成为主流，而道统始终掌握在信仰儒学的士阶层。这全拜孔子所赐，所以说孔子再造中国古典礼乐传播制度一点也不过。

孔子挽救了中华文明的图纸，又在旧图纸的基础上进行了符合历史演进潮流的设计，从而指明了中华大一统文明春秋以后的发展路径与方向，带来了此后两千余年中华大一统文明的繁荣、稳定与持久。

孟子盛赞孔子乃"生民未有"之圣人。司马迁则视孔子为"至圣"，超越历代"圣王"，穿越时空界限，亘古凌驾于权势与世俗之上，万世一如独掌道统。司马迁赞叹道：

> 天下君王至于贤人众矣，当时则荣，没则已矣。孔子布衣，

---

❶ 钱穆. 国史新论[M]. 北京：生活·读书·新知三联书店，2005：192.
❷ 辜鸿铭. 中国人的精神[M]. 上海：上海三联书店，2010：40.
❸ 同❶：193.
❹ 同❶：231.

传十余世，学者宗之。自天子王侯，中国言六艺者，折中于夫子，可谓至圣矣！（《史记·孔子世家》）

孔子与其设计的"文明图纸"一样是不朽的。这一不朽被中国人奉为"至圣先师"而被祭祀与信仰。自汉刘邦起，历代帝王与民间皆立孔庙而祭祀之。祭祀先师，是社会包括帝王在内对道统的信仰与敬意，是道统居于政统上的一种形式表达。这一体制，自古便有。《礼记·文王世子》曰：

凡学，春官释奠于其先师，……凡立学者，必先释奠于先圣先师。（《礼记·文王世子》）

可见，孔子之前，中国古典礼乐传播制度也祭祀先师，其祭祀者当为"圣王"，于西周时期应是周公。孔子之后，祭祀者变为孔子，或周公、孔子并祭。这表明一直以来"道尊于势"的文化信仰并不曾因为晚周礼崩乐坏而丢失，表现了中国古典礼乐传播制度核心精神的亘古一致性。但孔子以一布衣而被信仰祭祀，则表明道统独立于政统之外，并居于政统之上。这与西周之前政统与道统合二为一的局面有所不同。孔子替代"圣王"而被祭祀，这正是中国古典礼乐传播制度从学在官府转变为学在民间的深刻体现。所以，"自有孔子，而中国教育内容遂超出于政治事业之上之外，而成为社会人生文化一切行为主要有理想的一项目，而孔子因此也被称为至圣先师。"❶

孔子之教泽被悠远，外邦如琉球、高丽等，也立庙供奉。孔子真可谓"东方文化之祖"❷。而且，"孔子不仅是我国历史上的一位伟大的哲人，纵

---

❶ 钱穆. 国史新论[M]. 北京：生活·读书·新知三联书店，2005：231.
❷ 柳诒徵. 中国文化史（上）[M]. 长沙：岳麓书社，2012：299.

在整个人类历史上，也有其崇高的地位。他这个地位完全建筑在真理的价值上，不是偶然一时的潮流所能摧毁。因为他的思想和人格，表现了崇高的'人道精神'，则在这个世界上有人类存在的一天，孔子是永远不朽的"❶。大哉孔子！

❶ 陈致平. 中华通史(第 1 册)[M]. 贵阳:贵州教育出版社,2013:343.

第六章　中国古典礼乐传播制度对后世教育的影响

"人非生而知之者"，故人之发展必得教育而成。而国家、民族的发展是个人发展的汇集，故国家、民族之扩大繁昌，必赖于教育之力。钱穆先生说："任何一国家或者一民族，必有其自己一套教育，才能使其民众忠于邦国，而亦能乐群相处，不相离散。中华民族绵延五千载，日以扩大繁昌，亦全赖于此。"❶

中国的这一套教育，就是中国古典礼乐传播制度。作为文明独立起源的中国，中国古典礼乐传播制度，必有其特立卓异之处。正是靠着这一套教育，才使中国文明几千年长盛不衰。

从前文可知，西周及其以前之古典礼乐传播制度是"学在官府"，而西周以后，学术流行民间，中国古典礼乐传播制度由"圣王教化"转向"民间自觉"。这一变化，使原本凝固的中国古典礼乐传播制度得以升华，得以涅槃重生。民间自觉的古典礼乐传播制度焕发了活力并得以升级，两千年来持续不断。可以说，中国古典礼乐传播制度分为上、下两个阶段。但两

---

❶ 钱穆. 国史新论[M]. 北京:生活·读书·新知三联书店,2011:205.

个阶段之核心精神却始终未变，即文明礼义秩序之养成，而社会群体能自洽于其中。

纵观整个中国古典礼乐传播制度，西周以前是礼义秩序的培养期，这个时期民间自觉没能达成，故依靠"圣王"自上而下之教化；西周时期是礼义秩序的养成期，此时期的礼仪秩序已经内化于文明之体，圣王教化使命结束。春秋战国以下的时期，是中国古典礼乐传播制度的重生期。这一时期，圣王教化的体制完全崩溃，即所谓礼崩乐坏，而私学兴盛，学术流向民间并且集中于民间，即所谓学在民间。孔子删述六经，继往开来，一举奠定了道统独立于政统的千古格局。经秦汉之发展，最终孔子以布衣取代帝王而成为教化的圣人，这标志着中国古典礼乐传播制度的最终完成。

中国古典礼乐传播制度，在西周以下，以"仁爱忠孝"为其核心精神，以道统居于孔子而独立于政统为学在民间的标志，以天、地、人大一统的中庸之道为万物和谐有度相处之基本，对后世中国教育产生了深远影响，甚至说，塑造了秦汉以后整个中华文明也不为过。故钱穆先生言道："至少中国一切思想之主脑，或者重心，或其出发点和归宿点，则必然全在教育。"[1]

第一节　中国古典礼乐传播制度之核心精神

中国古典礼乐传播制度，是学校教育、社会伦理教育、祖先祭祀、宗教信仰、个人自修的综合体。在这个综合体里，以祖先信仰为核心，以礼乐为手段，以个人教育自由为目的，构建起人类文明的合理而恒久的大一统秩序。

---

[1]　钱穆. 国史新论[M]. 北京：生活·读书·新知三联书店，2011：234.

　　中华文明历史悠久，其教育必随其文明发源而源远流长。柳诒徵撰写《中国教育史》，论中国教育自伏羲时代始。然而，伏羲至黄帝，其历史皇古难考。司马迁写《史记》自黄帝开始，黄帝时代入中国正史。但司马迁对黄帝时代的事迹多存阙疑。《尚书》记载唐虞之政，其事甚详。《诗经》也有夏朝之风。但《尚书》与《诗经》的主体部分则是西周时代史迹，其中所载西周时代的教育，详备可考。可以这样说，中国古典礼乐传播制度，溯源于伏羲时代；经黄帝、唐虞、夏商时代之发展；至西周时代，其制度逐渐趋于完善。故柳诒徵说："三代学制，唯周大备。"❶

　　伏羲至黄帝时代是中国古典礼乐传播制度的思想发源时期。伏羲作八卦，悬象设教，但却无固定的学校。神农之明堂虽为教育的场所，但毕竟明堂为祭祀、议政、聚会之综合场所，而非专门学校。黄帝时期，虽有所发展，但其专门学校却是难以考证。由此可见，此时学校教育、社会教育、伦理教育等融为一体，尚未分开。为"圣王教化"以"养民"的早期阶段。

　　尧舜时期，文明日进，古典礼乐传播制度取得了极大的发展。此时，专司教育之官员开始设立，学校也开始出现。学校教育开始独立出来，并由"司乐"等专职官员执掌。学校的教学、养老功能确立，从而开启了由社会整体礼乐传播到学校象征性礼乐传播的新局面。夏商时期，继承并发展了尧舜时代的教育制度。

　　至西周时期，乃中国古典礼乐传播制度集大成时期。在西周时代，学校有辟雍、泮宫、庠序、瞽宗等。辟雍是西周中央所设的大学，用来推行礼乐教育，以对外宣扬教化。《白虎通·德论》曰："辟雍所以行礼乐，宣教化。"可见，辟雍是天子宣扬礼乐教化的教育场所。《说文》曰："泮，诸侯

❶　黄绍箕,柳诒徵. 中国教育史[M]. 福州:福建教育出版社,2011:49.

饷射之宫。西南为水，东北为墙。"泮宫应是诸侯所设的地方大学，是诸侯宣扬礼乐教化的教育场所。古代以目盲者为乐官，乐师称瞽者。古代教育又以典乐为主，故学校又称为瞽宗。

古代学校也称庠序。孟子曰："校者，教也。夏曰校，殷曰序，周曰庠。学则三代共之，皆所以明人伦也。"夏、商、周三代教育一脉相承，其教育主旨皆在于发明人伦，修德宣化。又据孟子曰："庠者养也，序者射也。"养就是养老，古代天子有养老之礼，在学校行之。《礼记·王制》篇曰："养耆老以致孝。"《礼记正义》疏："静养耆老，所以致恭孝之心。"养老是施行孝道的教化，以上示下，使人人皆生行孝之心。古代有射礼，习射即是习礼。又因"武事重于文事"，习射乃古代男子必学之艺。后来，孔子以礼、乐、射、御、书、数六艺为教，盖西周时代已有。学校专言射，应代言六艺之教。

六艺之教，乃专门教育。人伦之教，乃全人教育。此两者，周代学校，兼而有之。然六艺之教虽为专门实用的教育，其中自有礼义精神在，所谓"习射亦所以培德"。人伦教育，在于教人如何做人做事，其人伦之明体现在专门实践中。故六艺之教与人伦之教相通，而精神与行动并行。

西周礼乐传播制度趋于完备，实赖于周公之力。周公吸取三代，乃至于伏羲时代之教育经验，成功定制了一套礼乐传播制度，即后世所称之"礼法制度"。但西周为封建制，其礼乐传播制度之重点在于家族。按照辜鸿铭先生的说法，西周的"礼治"属于家族宗教，学校教育乃家族宗教的附属物。

春秋时期，礼崩乐坏，家族宗教及其礼乐传播制度逐渐不适应历史发展之潮流。孔子出，提出儒家学说，变家庭宗教为国家宗教。所谓"国家宗教"，就是孔子将家庭宗教中对父母的爱——孝道，扩延至忠君爱国。中国古典礼乐传播制度开始以国家宗教为核心，而学校就是国家宗教的教会。辜鸿铭说："在中国，儒家学说之国家宗教，这种组织就是——学校。在中国，学校是孔子国家宗教之教会。"❶ 孔子虽然以国家宗教替代了周公的家庭宗教，但继承和保留了家族宗教的核心部分，即家族祭祀。可见，孔子与周公的教育精神是一脉相承的。所以，钱穆先生说，"中国传统教育中之精神与理想，创始于三千年前之周公，完成于两千五百年前之孔子。"❷ 中国古典礼乐传播制度的精神与理想，自孔子后，一直延伸到清末，而不曾发生过根本的变化。

　　无论是家庭宗教，还是国家宗教，都只是辜鸿铭先生类比东西方文化的一种说法。众所周知，"中国之文化体系中，没有创造出宗教。"❸ 在现代社会里，宗教主情感与信仰，教育主知识与理智。宗教满足心灵的需求，教育满足大脑的需要。对于人类来说，两者皆不可或缺。中国古代没有创造出宗教，并不意味着中国古人便无情感与信仰之寄托。没有宗教，教育便理应承担了这一职责。也就是说，中国古典礼乐传播制度既主情感与信仰，又主知识与理智。在中国古代，教育不仅承担传授知识的职责，而且它更担负起了宗教所应具有的责任。

　　古代学校既有公立学校、私立学院，还有书院、禅院、道院等。公立学院为中央和地方所设，如西周之辟雍、汉之太学。而秦汉以后之书院、禅院、道院等皆为私人讲学之场所，历代不胜枚举。春秋时期，孔子曾一度居无定所，也可随处设教。除此之外，个人自修也是古代教育的一大形式，读书人读圣贤书，自学成才者在历史上俯拾皆是。

---

❶　辜鸿铭. 中国人的精神[M]. 上海：上海三联书店，2010：40.

❷　钱穆. 国史新论[M]. 北京：生活·读书·新知三联书店，2011：192.

❸　同❷。

按钱穆先生的说法，秦汉之后的中国历史，"官办教育始终不被人重视。"❶ 中国古代官办教育主要是"行礼乐，宣教化"，辅助政治运营，其政治意味浓厚，代表的是官方意识形态，即政统。孔子后，中国古代教育皆推尊于孔子，孔子代表的道统独立于政统之外。孔子开启私人讲学之端，古代读书人羡慕孔子，称孔子为"素王"，私人讲学之风由此而长盛不衰。因此，中国教育史中最具重大影响的，"多在社会私家讲学之一途。"❷

中国古代教育，入中央大学者及入私家书院者毕竟只在少数。孔子为所有读书人的"圣人"，读圣贤书犹如基督教徒读《圣经》，有志于学而不得入于学校或书院者，便竭力追求儒家经典，也可以自修成才。

中国古代礼乐传播制度，以祖先信仰解决宗教问题，并作为整个礼乐传播制度的核心。人之需要宗教，是对死后的一种妥善安排。西方的宗教，死后进入天国是一种妥善安排。而中国先人则认为其生命可以通过繁衍子嗣而得以延续。祖先得到子孙之追念和祭祀就是生命得以延续的圣神而庄严的仪式。祭祀祖先解决了宗教问题。对祖先的崇拜和祭祀——孝道，是中国古典礼乐传播制度的核心问题。因此，后来之十三经以《孝经》为首。中国古典礼乐传播重在"养子使作善"，而"百善孝为先"，正是这一理念准确而完满的表达。

在现代人眼里，中国古代社会的教育根本不可能得不到普及。但观古代社会之事实，虽不识字的愚夫愚妇，也能熟知中国文化的精义。中国古代礼乐传播制度之伟大，正在于此，中国历史之恒久延续也在于此。中国古代教育制度以孝道为核心，儒家精神可以通过祖先信仰而深厚地一代代

❶ 钱穆. 国史新论[M]. 北京:生活·读书·新知三联书店,2011:226.
❷ 同❶:231.

传承下去。儒家典籍可以毁坏，士大夫也可以有叛逆之时，但中国文化精神可以稳固地经愚夫愚妇而恒久不断地传扬下去。因此，"当世衰道微，士大夫成为文化罪人的时候，中国文化的真正的精神反常常透出于愚夫愚妇之中，赖其'死守善道'的一念至诚，以维族命于不绝，此种情形讫晚清而未改。"❶

可以说，中国古典礼乐传播制度如此包罗广大，其奥秘就在于中国人追求情感与理智的统一、追求大脑与心灵的统一、追求现实与永恒的统一。

第二节　中国古典礼乐传播制度之优越性及其对后世之影响

中国古典礼乐传播制度，以人文精神为其核心，其目的是构建以人文精神为根本的人类文明的大一统秩序。相比西方文明或其他文明，其礼乐传播制度的特点和优越性是显而易见的。当然，金无足赤，其或许也有诸多缺点，但本书所关注的只是其优点。

其一，中国古典礼乐传播制度游走于科学与宗教之间。

对于现代教育来说，科学与宗教的分界是严格的。科学是科学，宗教是宗教。科学解决的是理智和实用问题，而宗教则是解决的信仰问题。现代的教育也主要集中于科学之上，而宗教则是教会的事情。科学与宗教并没有交集，两者也并无明显的相互影响。所以，现代人接受了完整的教育之后，其信仰往往也是缺失的，必须从教育体系之外寻找信仰。当然，主要是去宗教中寻找。然而，关键的问题出现了，就是一直以来的科学教育

---

❶　徐复观. 儒家思想与现代社会[M]. 北京:九州出版社,2014:22.

与宗教信仰是相互排斥的。如果完全皈依宗教，则一直以来接受的科学教育纯属徒劳，浪费时间；而不皈依宗教，则始终找不到信仰，人终归是一个无灵魂的躯壳而已。不能科学地应用知识与能力，现代人又很难生活。一般说来，人终归要向现实妥协，宗教信仰便彻底沦为形式和表面。人最终还是没有找到真实的内在的信仰，内心终将是一片荒芜。内心的荒芜终将导致人性的缺失。而科学知识和技术在人性的缺失下，可能会使人误入歧途，严重者可以使人类陷入万劫不复之地。目前，转基因技术的滥用，以及核武器的失控等都是这种歧途所在。但问题还远没有结束，科学的去宗教化，使宗教徒的信仰面目全非。极端宗教主义者，便以此作为清理叛逆的借口，煽动叛乱，引发宗教冲突等。

现代教育不能帮我们建立完全合理的人类秩序，是显而易见的。在此，笔者并不想否定宗教的功能，或者不承认科学的好处。现在教育体系将科学与宗教截然分开，似乎并不是人类文明大道的坦途。对此，中国古典礼乐传播制度显然有不同的用力与方向。

在中国古典礼乐传播制度里，科学与宗教各得其所并互相作用、相得益彰。在儒家学说中，孝是根本。对祖先的崇拜与祭祀就是宗教信仰及其仪式，也就是孝道。孝道作为一种信仰，是一代代合理的情感流动及伦理秩序，使家庭、国家乃至人类无限繁衍和昌盛下去。在这个信仰体系中，人不只是一个人，人人都是承前启后的，都是繁衍下去的关键一环。我们信仰祖先，同样信仰子孙对我们的信仰。让家族、国家、人类合理而美好地繁衍下去就是孝道的信仰，是所有事情之前提。"不孝有三，无后为大"，如果一代中断了，便相当于家族历史的终结。因此，人人守此信仰，如临深渊，如履薄冰，丝毫不得怠慢。科学作为日常实用之技能，必得以此信仰为前提。不走极端的科学、可持续发展的科学是孝道信仰下的必然发展。

　　人类的繁衍昌盛，社会的长治久安是孝道信仰下的自然理念。因此，我国先民之认识对象集中于现实人生上，诸如政治、社会、教育、文艺等。对神鬼敬而远之，因此也不会在彼岸多用心力，宗教自不会真正产生。科学研究也自会着眼于社会人事之上，而不至于为科学而科学，去深入地探索下去。所以中国古典礼乐传播制度，只会在科学与宗教之间游走，既不会陷入宗教，也并不向科学作更深介入。因此，中国古代礼乐传播制度"既无西方宗教之性格，也缺乏西方科学之精神，但在人文本位上，却已渐渐到达一种融通开明的境界"❶。

　　此"开明之境界"，必能指引科学之合理发展方向，必能充实人生之内在信仰，使人类文明恒久稳定地向前发展。

　　其二，中国古典礼乐传播制度使学校造贤与国家选贤相独立。

　　自西周以来，礼乐传播制度与选举两者并重。西周的教育，权在贵族，乡学俊逸之才可以入太学，并由此而参与政治。虽云贵族教育，平民也可以以其才学而流通于上层。但毕竟学在官府，政府领导学术是毫无疑问的。春秋之后，官学流于民间，诸子百家开启民间私人讲学之风。特别是孔子，以平民身份，把春秋之前相传"贵族教育渐始转移到平民社会中来"❷，开出春秋以降平民讲学之风气。如上所论，西周的教育核心在于家族，辜鸿铭称之为家庭宗教。孔子见春秋时的封建制土崩瓦解，天下非封建贵族之天下，一变而成天下人之天下。家庭宗教之局限性便凸显出来。孔子，继承周公之志，在家庭宗教之上，发挥出一番大道理，变换出一个国家宗教来。国家宗教就是在家庭宗教的敬奉祖先基础上，推延至天

❶　钱穆. 国史新论[M]. 北京:生活・读书・新知三联书店,2011:120.
❷　同❶:209.

下人皆"忠君爱国"上。非但要"忠君爱国",还要把"治国平天下"作为一种信仰。人人皆可以通过自身修养,即"修身齐家",而"治国平天下"。此时,政治已非贵族的特权,而成为每个读书人的平等权利。孔子开辟这一项,奠定了以后两千多年的"士人政治"格局。

而据前文钱穆的考证,在中国文明史上,官办教育始终不被重视,而且私家讲学最具影响。由此可见,在中国古代礼乐传播制度中,贤士人才的培养多出于私学。孔子之儒家精神又是"自本自根"的,私学尊奉儒家的独立自由精神,往往不受政府权威约束。如徐复观所说,"儒家'自本自根'精神,既可不需要外在的上帝,则在政治上又岂能承认外来权威的强制作用。"❶ 故在中国古典礼乐传播制度中,私学严格按照儒家的标准培养人才,并不参考政府的标准和旨意,这就是所谓的道统独立于政统之外。

历代政府选拔取士,皆选取的是民间为学之士。按钱穆先生的说法,中央官员及地方官吏,全部皆由政府选拔贤才加以任用,而在政治身份上,"更无贵族特权之存在。"❷ 虽各个朝代选拔考试标准并不相同,但正因选取的是具有独立精神的士阶层,政治之清流活水才源源不断,并依此增强了政府乃至社会的生命力。

但考试本身作为选拔标准,便代表了政府的用人标准和旨意。虽则儒家有"自本自根"的精神,但仍不免为世俗所趋鹜。但正是这种独立精神,使"公私教育,常成对立之势"。儒家精神的"自正自清"功能,由此可见其伟大。此种"自正自清",还应得益于孔子如宗教主一样的光耀千秋的精神光芒。这一身份与光芒,足以让世代读书人崇拜而信仰。

---

❶ 徐复观. 儒家思想与现代社会[M]. 北京:九州出版社,2014:23.
❷ 钱穆. 国史新论[M]. 北京:生活·读书·新知三联书店,2011:11.

中国古典礼乐传播制度,其培养之人才是独立的,为构建光明合理的大一统文明秩序而培养的,不是为一朝一代而培养的。因此,贤士总能给腐朽的政治注入清流,增强政治之生命力。尤其重要的是,这一制度使中华文明并不因一个朝代的灭亡而中断,而是永久恒定地随时间走下去。

其三,中国古典礼乐传播制度使有教无类,教育不分贵贱及种族。

自孔子后,中国古典礼乐传播制度一直追求"有教无类"。有教无类其内涵甚广。一者,民众资质有所不同,贤愚有别,但皆可受教。二者,无论社会身份等级如何,上至天子贵胄,下至贫寒之家,也同等受教。三者,不分疆界,无论种族,皆在受教之列。《易》经曰:"教思无穷,容保民无疆。"即是此三者之义。❶

有教无类是教育思想的伟大创建,也是中国古代文明一直以来演化并自觉追求的必然结果。帝舜出身侧微,得尧之教化,以孝道行于天下,并最终得禅让而为天子。教育不分贫贱,得而成之,便可"光宅天下"。西周确立封建制,以贵族主宰教育,但乡学与太学仍可流通,下民之俊逸之士仍可与贵胄同等受教。至孔子时期,封建制度瓦解,学问转向民间。孔子以平民身份,把贵族学问转向民间,开私学之风。可见,自有明确历史记载之唐虞时代,一直到孔子,其教育平民化之趋势甚明。至孔子,则最终确立两千五百年以来的中国古典礼乐传播制度平民化时代。

孔子曰:"夷狄入中国,则中国之。中国入夷狄,则夷狄之。"意思是说,如若中国有恶,则是退为夷狄;如若夷狄有善,则可进为中国。此两者,皆是明"有教无类"道理。中国古代礼乐传播制度,不区分种族的物理特性,只认可种族的文化教育标签。接受华夏文化之教育,便是华夏。

---

❶ 黄绍箕,柳诒徵. 中国教育史[M]. 福州:福建教育出版社,2011:5.

接受夷狄风俗，便是夷狄。此理念背后之含义是，教育没有种族的界限。这一点，显示了古典礼乐传播制度的包容性与博大性。中华民族能同化不同种族而最终融为一体，中国古典礼乐传播制度的这一理念功不可没。

其四，中国古典礼乐传播制度使贵人尽性，以全人生。

中国古典礼乐传播制度，其教育的最终目的是成全人格的完善与完美，并以此人格之美善而达成功业之成就。人格之美善在于内，功业之成就在于外。养内而成外，是其一大特征。

人格之美善，首先要从内心之诚修炼起。以内心之诚而不断关照自身，以促进自己人格的完善。然后，才可以用此之已明之诚关照万物，乃至天下，并以所关照之天下万物反求于此内心之诚。这就是所谓的"反求诸己"。如此循环往复，人格便得到不断的完善和充实，而外在的事功也自然顺成。

《大学》之八条目，格物、致知、诚意、正心、修身、齐家、治国、平天下。前四条目专注于内心，而后四条目则是现实的外在人生。前四条目在前，而后四条目建立在前者之上而成。

尽人之性，必先内心能有"自得之地"。故中国古典礼乐传播制度，提倡"自得"之教。《孟子·滕文公上》曰："劳之来之，匡之直之，辅之翼之，使自得之，又徒而震德之。"

教育之道，无论采取何种方式和手段，劳、来、匡、直、辅、翼，皆所谓使人到达"自得之地"。自得者，内在学问生成也。知识、实践内化为人生内在之智慧。知识是外在的学问，智慧是内在的学问，知识通过实践内化为人生智慧，故称"自得"。人入自得之地，则其智慧内在生发，并外放与万物。因其内在智慧之一致性，作用于万事万物而不至于迷惑。若人不入自得之地，则不能以一理御万物，必致万物"乱花渐欲迷人眼"之境地，而生迷茫惑乱之心。《孟子·离娄下》曰：

> 君子深造以为道，欲其自得之也。自得之，则居之安；居之
> 安，则资之深；资之深，则取之左右逢其源，故君子欲其自得之
> 也。（《孟子·离娄下》）

自得之地，乃不借外物而能内在生发。内心若独立生发，则其人必有"自由之精神，独立之思考。"则其心安定，故曰"居之安"。内心生发源源不断，故曰"资之深"。资深则予取予求，左右逢源。

中国古典礼乐传播制度，其教育理念可谓先进矣。自得之教，以全人生，乃古典礼乐传播制度之精华。自得之教是从内在修养上培养人，而不单单是在能力上培养人。它是对独立思考、独立精神之培养，是对完整人格之培养，让人能在万物之中自立自主，而非随波逐流。

其五，中国古典礼乐传播制度追求的是通德为本、专才为用。

从上文可知，中国古典礼乐传播制度重在"全人"教育。"全人"教育培养的是人的宇宙观与人生观。在现在教育界看来，应该只是个通识课，虽然很基础，但却不受重视。其原因在于，现在教育偏功利性，以成才教育为主要目标。平心而论，分专业而分别教育，由于用力集中，人才之能力能快速显现。但诚如上文所论，技术和能力是把"双刃剑"，假如没有合理的文明理想作指导，那么这种技术和能力可能会迷失方向乃至入于"邪道"。

孔门四科，德行、言语、政事、文学。以德行为第一，然后为其他。德行就是坚守合理的文明秩序，是大道。违反了这一大道，其他技能则徒具破坏性。孔子曰："毋为小人儒。"便是要求其弟子要坚守宇宙合理的大道，一切技能只在此之上才能发挥正面作用，或产生正能量。

即便如此重视德行，中国古典礼乐传播制度并不忽视专才的作用。钱穆认为："从来中国学校，亦注重专业教育。"❶ 历史上，如天文、历法、医药等中国专才，大家辈出，不胜枚举。

根据上文，中国的科学最终必转到现实人生上。专才之所掌之科学技术也必以此为出发点和归宿。因此，钱穆说，专才也必须具备通识，所谓通识乃"懂得这一业在人生大道共同立场上之地位和意义"❷。也就是说，科学技术之上还有通识，通识之上还有德行。科学技术之上有此两座大山，是中国科学技术于近代未发展起来的一个原因。但正是这两座大山才严实而稳定地控制了科学技术之用途与其发展方向，使其永远不会走上"邪路"，中华文明才得以不因外物而受到本质的伤害。

但既然专才要为现实人生服务，那么其作用就是实在而重要的。因此，在这一点，中国古典礼乐传播制度追求的是通德为本、专才为用。

其六，中国古典礼乐传播制度使教师为本，众生受教。

孔子以一布衣之身，而成为"至圣先师"。在中国古典礼乐传播制度里，吸引读书人最大的动力来源于对孔子的崇敬，向下推衍开来，可以得出，教师的魅力和威望是古典礼乐传播制度中最重要的因素。自孔子开启私门讲学以来，中国古代虽则有官立学校，但毕竟学校的影响与作用有限，历代读书人皆以拜到名师门下为荣，而并不在意于学校及其开设的课程。孔子随处设教，而不择地点。在乡村中，一读书人有小成者，可以开设私塾，而乡村之人慕名前往受教。名山大川之中，有一名师，随便结一草庐，慕名者，不远千里，竭诚登门求教。历代各种书院讲学，皆有名师主持而

---

❶　钱穆. 国史新论[M]. 北京:生活·读书·新知三联书店,2011:198.
❷　同❶。

得以兴盛。此皆教师为尊的例证。

反之,若其名师不在,则其所教之所便渐渐零落。诚如钱穆先生所论:

> 孔子死后,不闻有人在曲阜兴建一学校继续讲学。朱子死后,不闻有人在武夷、五曲,在建阳、考亭兴建一学校继续讲学。更如王阳明,只在他随处的衙门讲学,连书院也没有。中国传统教育之主要精神,尤重人与人之间传道。既没有如各大宗教之有教会组织,又不凭借固定的学校场所。只一名师平地拔起,四方云集,不拘形式地进行其教育事业,此乃中国传统教育之一大特色。❶

中国古典礼乐传播制度,教师如同教主,名声所到,向学之人辐辏云集。但毕竟与宗教不同,并没有所谓的固定教堂。中国的教堂只在家族宗庙。天下之大,皆是受教之所。名师一至,便为庠序之地。形式的自由,必然在一定程度上促成礼乐传播精神的自由。形式的自由,必然达成教师授教的自由、学者受教的自由。中国教育史可谓是一部自由教育的光辉历史。

第三节　中国古典礼乐传播制度 对当前教育之启示

中国古典礼乐传播制度的优越性众多,然时移事异,按今日之形势,复归古典礼乐传播制度是作天方夜谭之想。古典礼乐传播制度是一个整体

---

❶ 钱穆. 国史新论[M]. 北京:生活·读书·新知三联书店,2011:200.

而系统的工程，今天之教育事业同然。在时代背景发生极大的变化时，建立在古典文明体系上的古典礼乐传播制度显然不能直接移植到今天。但包括教育史在内的所有历史必然是一部精神的历史，其历史的精神仍然可以在今天重演。中国古典礼乐传播制度之形式虽已死去，然其教育的精神仍然可以为今世之教育提供极大的启示，乃至在精神上得到某种程度上的重演。

其一，重拾"孝道"精神，返中国古典礼乐传播制度之本。

教育本身就是知识传承的整个体系，知识传承的目的正在于文明得以不断积累而随时间延伸下去。文明的延续需要人来进行并完成。上一代的人把文明的接力棒传给下一代人，这样文明才得以接力延续。在这里，需要注意的是，接力的下一棒，需要按照前一棒制定的规则和方向奔跑，不能停止，也不能随意改变规则与方向。如何保证这一点呢？在体育的接力赛跑中，依靠的是此团队成员之责任心与荣誉感。而在文明接力传承中，与此同理，需要的是下一代对上一代的忠诚。这个忠诚，孔子称为"名分大义"，辜鸿铭称为"荣誉与责任的重大原则"。这个忠诚，作为一种精神，便是所谓的"孝道"精神。此精神是中华文明得以恒久不衰的根本，是中国古典礼乐传播制度的核心内容。

今天，我们要传承知识，延续文明，就应当理直气壮地借鉴和吸收古代礼乐传播制度的经验，重拾孝道精神，返教育之本。

重拾孝道精神，要从家庭、学校、社会和政府四个层面一起做起，形成一股合力，构建整体的孝道体系。在家庭，首先要重塑家长的权威与责任；在学校，首先要让学生完整地认知五千年华夏的历史文明，同情并热爱五千年华夏的文化传统；在社会，首先要培育忠孝为"百善之先"的社会氛围；在政府，首先要建立奖惩机制、礼义规范，并以身示范。

其二，解放教师，开放民间教育，促进教育平等和均衡地发展。

中国古典教育制度，通体闪耀着"师道"的伟大光辉。在其中，教师是自由的文化知识的创造者与传播者。教师之宗旨在"谋道不谋食"，教师不是一种职业，而是一种文化的信仰与追求。所以，在古代礼乐传播制度中，教师几乎是其全部。

而现在教育则不同，教师是份职业，是学校的职工。教师领学校之薪水，按照学校的要求与规定为其服务。教师不再是"谋道"之人，而是为薪水奋斗的"谋食者"。在其中，教师丢掉的是文化的信仰与追求。丢掉了这些，教师便丢掉了文化传承的独特担当。没有了这个担当，教育便丢掉了其重要的意义与价值。

把教师从学校与薪水中解放出来，是现在教育的出路之一。然而，教师是精神文化与灵魂的工程师，不是培养出来的，而是长期自觉而艰辛地修炼出来的。教师之能力、威望与魅力不是机构的任命，而应是民间的赞许与认可。开放民间教育，应让教师在广袤的民间世界中大浪淘沙。开放民间教育可以促进教育平等和均衡地发展。

其三，扎根通德教育，鼓励科学技术教育。

在中国古典礼乐传播制度中，一切专门学问必归于现实人生之中。因此，中国文化走向宗教，也不向科学深入。但中国非全天下，中国文明有众多的竞争者，一旦文明不能在物质层面上自保，其精神层面也终将被慢慢被摧毁。清朝末年以来的国运，正是出现了这样的局面。发展科学技术教育，可以构筑文明自保的坚强物质盾牌，免受竞争者的野蛮强力攻击。然而，文明始终是一部精神思想史。若人类仅存物质与强力，则与禽兽无异。故在物质与强力上必有一伟大精神存在。这一伟大精神是文明得以存在与发展的根本原则，即"通德"。也就是在科学技术教育上，必然加之于通德教育。而人类文明还有对现实人生的需求，每一种专门学问必须具有人生大道的意义。这一番意义，钱穆先生谓之"通识"。通识教育位于通德教育之下，而科学教育位于通识教育之下。中国古典礼乐传播制度有重本轻末的倾向，故今世之教育需在通德通识之基础上，鼓励科学技术教育之发展，以弥补这一倾向。

参考文献

[1] 李学勤. 十三经注疏·周礼注疏(竖排繁体)[M]. 北京:北京大学出版社,1999.

[2] 李学勤. 十三经注疏·礼记正义(竖排繁体)[M]. 北京:北京大学出版社,1999.

[3] 李学勤. 十三经注疏·尚书正义(竖排繁体)[M]. 北京:北京大学出版社,1999.

[4] 李学勤. 十三经注疏·周易正义(竖排繁体)[M]. 北京:北京大学出版社,1999.

[5] 李学勤. 十三经注疏·论语注疏(竖排繁体)[M]. 北京:北京大学出版社,1999.

[6] 李学勤. 十三经注疏·孟子注疏(竖排繁体)[M]. 北京:北京大学出版社,1999.

[7] 李学勤. 十三经注疏·孝经注疏(竖排繁体)[M]. 北京:北京大学出版社,1999.

[8] 陈立. 新编诸子集成·白虎通注疏[M]. 北京:中华书局,1994.

[9] 陈立. 新编诸子集成·庄子集解[M]. 北京:中华书局,1987.

[10] 王先谦. 新编诸子集成·荀子集解[M]. 北京:中华书局,1988.

[11] 吴毓江. 新编诸子集成·墨子校注[M]. 北京:中华书局,2006.

[12] 王弼. 新编诸子集成·老子道德经注校释[M]. 北京:中华书局,2008.

[13] 王弼. 新编诸子集成续篇·四民月令校注[M]. 北京:中华书局,2013.

[14] 司马迁. 史记[M]. 北京:中华书局,1982.

[15] 班固. 汉书[M]. 北京:中华书局,1962.

[16] 张居正. 尚书直解[M]. 北京:九州出版社,2010.

[17] 王夫之. 尚书稗疏尚书引义[M].长沙:岳麓书社,2011.

[18] 孙星衍. 尚书今古文注疏[M]. 北京：中华书局，1982.

[19] 章太炎. 太炎先生尚书说[M]. 北京：中华书局，2013.

[20] 王鸣盛. 尚书后案[M]. 北京：北京大学出版社，2012.

[21] 姚春鹏. 黄帝内经[M]. 北京：中华书局，2009.

[22] 黄怀信. 逸周书补校集注（修订本　上、下册）[M]，上海：上海古籍出版社，2007.

[23] 阎若璩，毛奇龄. 尚书古文疏证（附：古文尚书冤词）[M]，上海：上海古籍出版社，2010.

[24] 皮锡瑞. 经学历史[M]. 北京：中华书局，2008.

[25] 皮锡瑞. 经学通论[M]. 北京：中华书局，1954.

[26] 钱基博. 经学通志[M]. 桂林：广西师范大学出版社，2009.

[27] 钱基博. 古籍举要[M]. 上海：上海古籍出版社，2011.

[28] 李源澄. 经学通论[M]. 上海：华东师范大学出版社，2010.

[29] 金景芳，吕绍纲. 尚书·虞夏书新解[M]. 沈阳：辽宁古籍出版社，1996.

[30] 梁启超. 先秦政治思想史[M]. 北京：东方出版社，1996.

[31] 柳诒徵. 中国文化史[M]. 长沙：岳麓书社，2010：282.

[32] 柳诒徵. 国史要义[M]. 南京：凤凰出版社，2011.

[33] 廖凤林. 中国通史要略 [M]. 北京：东方出版社，2008.

[34] 黄绍箕，柳诒徵. 中国教育史[M]. 福州：福建教育出版社，2011.

[35] 王国维. 古史新证——王国维最后的讲义[M]. 北京：清华大学出版社，1994.

[36] 熊十力. 新唯识论[M]. 北京：商务印书馆，2010.

[37] 熊十力. 体用论[M]. 上海：上海书店出版社，2009.

[38] 辜鸿铭文集（下卷）[M]. 海口：海南出版社，1996：42.

[39] 辜鸿铭. 中国人的精神[M]. 上海：上海三联书店，2011.

[40] 梁漱溟. 中华文化的命运[M]. 北京：中信出版社，2010.

[41] 梁漱溟. 中国文化要义[M]. 上海：上海人民出版社，2011.

[42] 梁漱溟. 东西文化及其哲学[M]. 北京：中华书局，2013.

[43] 马一浮. 复性书院讲录[M]. 杭州:浙江古籍出版社,2012.

[44] 钱穆. 两汉经学今古文平议[M]. 北京:九州出版社,2011.

[45] 钱穆. 国史新论[M]. 北京:生活·读书·新知三联书店,2011.

[46] 钱穆. 文化与教育[M]. 北京:生活·读书·新知三联书店,2009.

[47] 钱穆. 中国历代政治得失[M]. 北京:生活·读书·新知三联书店,2008.

[48] 钱穆. 黄帝[M]. 北京:生活·读书·新知三联书店,2012.

[49] 钱穆. 孔子传[M]. 北京:生活·读书·新知三联书店,2012.

[50] 钱穆. 国史大纲[M]. 北京:商务印书馆,1996.

[51] 钱穆. 论语新解[M]. 北京:生活·读书·新知三联书店,2005.

[52] 钱穆. 中国文化史导论[M]. 北京:商务印书馆,2012.

[53] 钱穆. 中国思想通俗讲话[M]. 北京:生活·读书·新知三联书店,2010.

[54] 钱穆. 中国史学名著[M]. 北京:生活·读书·新知三联书店,2005.

[55] 钱逊. 先秦儒学[M]. 沈阳:辽宁教育出版社,1991.

[56] 徐复观. 儒家思想与现代社会[M]. 北京:九州出版社,2014.

[57] 余英时. 士与中国文化[M]. 上海:上海人民出版社,2003.

[58] 陈致平. 中华通史(第1册)[M]. 贵阳:贵州教育出版社,2013.

[59] 吕思勉. 先秦史[M]. 上海:上海古籍出版社,2005.

[60] 章嶔. 中华通史(上)[M]. 北京:东方出版社,2012.

[61] 蒙文通. 中国史学史[M]. 上海:上海世纪出版集团,2006.

[62] 陈梦家. 尚书通论[M]. 北京:中华书局,2006.

[63] 马宗霍,马巨. 经学通论[M]. 北京:中华书局,2011.

[64] 瞿同祖. 中国封建社会[M]. 上海:上海世纪出版集团,2005.

[65] 王云五. 春秋左传今注今译[M]. 北京:新世界出版社,2012.

[66] 毛峰. 文明传播的秩序——中国人的智慧[M]. 北京:中国传媒大学出版社,2005.

[67] 毛峰. 大一统文明[M]. 北京:知识产权出版社,2014:4.

[68] 李学勤. 中国古代文明十讲[M]. 上海:复旦大学出版社,2003.

[69] 李学勤. 三代文明研究[M]. 北京:商务印书馆,2011.

[70] 廖名春. 中国学术史新证[M]. 成都:四川大学出版社,2005.

[71] 姜广辉. 中国经学史(第一卷)[M]. 北京:中国社会科学出版社,2003.

[72] 周予同. 中国经学史讲义(外二种)[M]. 上海:上海人民出版社,2007.

[73] 吴雁南. 中国经学史[M]. 福州:福建人民出版社,2000.

[74] 王灿. 《尚书》历史思想研究[M]. 北京:中国社会科学出版社,2013.

[75] 陈壁生. 经学的瓦解[M]. 上海:华东师范大学出版社,2014.

[76] 苏秉琦. 中国文明起源新探[M]. 北京:生活·读书·新知三联书店,1999.

[77] 刘惠萍. 伏羲神话传说与信仰研究[M]. 西安:陕西师范大学出版社总社有限公司,2013.

[78] 冯时. 中国天文考古学[M]. 北京:中国社会科学出版社,2010.

[79] 冯时. 中国古代的天文和人文(修订版)[M]. 北京:中国社会科学出版社,2006.

[80] 孙培青. 中国教育史[M]. 上海:华东师范大学出版社,2009.

[81] 李山. 先秦文化史讲义[M]. 北京:中华书局,2008:40.

[82] 朱谦之. 中国哲学对欧洲的影响[M]. 石家庄:河北人民出版社,1999.

[83] 路新生. 中国近三百年疑古思潮研究[M]. 上海:上海人民出版社,2001.

[84] 张祥龙. 从现象学到孔夫子[M]. 北京:商务印书馆,2011.

[85] 费孝通. 乡土中国[M]. 北京:北京大学出版社,2012.

[86] 无名氏. 内证观察笔记[M]. 南宁:广西师范大学出版社,2011.

[87] 晁福林. 中国古代史(上册)[M]. 北京:北京师范大学出版社,1994.

[88] 马昌仪. 中国神话学文论选萃(上)[M]. 北京:中国广播电视出版社,1994.

[89] 喻中. 风与草——喻中读《尚书》[M]. 北京:北京大学出版社,2011.

[90] 本田成之. 中国经学史[M]. 孙俍工,译. 桂林:漓江出版社,2013.

[91] 马丁·海德格尔. 存在与世间[M]. 陈嘉映,王庆节,译. 北京:生活·读书·新知三联书店,2012.

[92] 马丁·海德格尔. 林中路[M]. 孙周兴,译. 上海:上海译文出版社,2004.

[93] 埃德蒙德·胡塞尔. 内时间意识现象学[M]. 倪梁康,译. 北京:商务印书馆,2009.

[94] [法]谢和耐. 中国社会史[M]. 北京:人民出版社,2010.

[95] [法]佛朗瓦斯·魁奈. 中华帝国的专制制度[M]. 北京:商务印书馆,1992.

[96] [英]科林伍德. 历史的观念[M]. 北京:北京大学出版社,2010.

[97] [英]罗素. 罗素论教育[M]. 北京:人民教育出版社,2008.

[98] [英]罗素. 西方的智慧[M]. 北京:电子工业出版社,2013.

[99] [英]罗素. 中国问题[M]. 北京:经济科学出版社,2013.

[100] [英]阿诺德·汤因比. 人类与大地母亲[M].上海:上海人民出版社,2001.

[101] [英]阿诺德·汤因比. 历史研究[M]. 上海:上海人民出版社,2010.

[102] [加]哈罗德·伊尼斯. 传播的偏向[M]. 北京:中国人民大学出版社,2003:53.

[103] [美]詹姆斯·凯瑞. 作为文化的传播[M]. 北京:华夏出版社,2005:7.

[104] [美]尼尔·波兹曼. 娱乐至死[M]. 南宁:广西师范大学出版社,2004.

[105] 李伯谦. 文明探源与三代考古论集[C]. 北京:文物出版社,2011.

[106] 杨庆中,廖娟. 疑古、出土文献与古史重建[C]. 桂林:漓江出版社,2012.

[107] 于春松,陈壁生. 经学与建国[C]. 北京:中国人民大学出版社,2013.

[108] 于春松,陈壁生. 经学的新进展[C]. 北京:中国人民大学出版社,2012.

[109] 顾颉刚. 与钱玄同论古史书 [C]//. 杨庆中,廖娟. 疑古、出土文献与古史重建. 桂林:漓江出版社,2012:4.

[110] 朱渊清. 古史的证据与证明力 [C]//. 杨庆中,廖娟. 疑古、出土文献与古史重建. 桂林:漓江出版社,2012:130.

[111] 李学勤. 走出"疑古时代" [C]//. 杨庆中,廖娟. 疑古、出土文献与古史重建. 桂林:漓江出版社,2012.

[112] 廖名春. 论六经并称的时代兼及疑古说的方法论问题 [C]//. 杨庆中,廖娟. 疑古、出土文献与古史重建. 桂林:漓江出版社,2012.

[113] 刘起釪. 关于"走出疑古时代"问题 [C]//. 杨庆中,廖娟. 疑古、出土文献与古史重建. 桂林:漓江出版社,2012.

[114] 郭店楚简国际学术讨论会论文集[C]. 武汉:湖北人民出版社,2000.

[115] 钱穆. 维新与守旧——民国七十年来学术思想之简述[J]. 台湾:幼师杂志,
　　　1980(12).

[116] 毛峰. 回归道德主义:孔子文明传播思想论析[J]. 南开学报,2005(3).

[117] 杨善群. 论古文《尚书》的学术价值[J]. 孔子研究,2004(5).

[118] 郭讲用. 传播仪式观中传统节日文化的传播[J]. 新闻与传播研究,2012(12):24.